Hubert Peters

Die manuelle Korrektur der Deflexionslagen

Hubert Peters

Die manuelle Korrektur der Deflexionslagen

ISBN/EAN: 9783743434028

Hergestellt in Europa, USA, Kanada, Australien, Japan

Cover: Foto ©Andreas Hilbeck / pixelio.de

Manufactured and distributed by brebook publishing software (www.brebook.com)

Hubert Peters

Die manuelle Korrektur der Deflexionslagen

DIE
MANUELLE CORRECTUR
DER
DEFLEXIONSLAGEN.

AUS DER GEBURTSHILFLICHEN KLINIK DES HERRN HOFRATHES
PROF. DR. GUSTAV BRAUN.

Von

DR. HUBERT PETERS
EHEM. ASSISTENTEN DIESER KLINIK.

MIT 4 HOLZSCHNITTEN.

WIEN UND LEIPZIG.
WILHELM BRAUMÜLLER
K. U. K. HOF- UND UNIVERSITÄTS-BUCHHÄNDLER
1895.

v. Weiss hat seine Erfahrungen über Gesichts- und Stirnlagen mit besonderer Berücksichtigung der manuellen Umwandlungen derselben an 107 Fällen aus einer Anzahl von 19.302 klinischen Geburten, welche in der Zeit vom 1. Juni 1885 bis 31. Mai 1892 erfolgten, mitgetheilt und sich in dieser Arbeit auch auf die vom Verfasser erledigten Fälle nur flüchtig bezogen, bemerkend, dass eine ausführlichere Publication derselben von diesem in Aussicht stehe.*)

Nachdem meine und v. Weiss' Erfahrungen über dieses Thema in die gleichen Jahre fallen, so werde ich in nachstehenden Zeilen nicht umhin können, mich in mehrfacher Weise auf die von v. Weiss publicirten Fälle zu beziehen. Meine persönlichen Erfahrungen an der Klinik datiren vom Mai 1884 bis Mai 1890 und umfassen eine Geburtenanzahl von 16.100 Geburten. Der Vollständigkeit und des Vergleiches wegen jedoch umfasst die Arbeit die während eines Decenniums (1880—1890) an der Klinik erledigten Gesichts- und Stirnlagen, wobei die ersten drei Jahre, in welchen keine Umwandlungsversuche gemacht wurden, behufs statistischen Vergleiches mit aufgenommen erscheinen, während im Jahre 1883 und bis Mai 1884 eine Reihe von Umwandlungen an der Klinik ausgeführt wurden, die bisher nicht publicirt sind und deren Aufnahme in den Rahmen dieser Arbeit zur Erledigung dieser Frage uns nothwendig erscheint.

*) Obwohl ich nicht ganz auf dem Standpunkte stehe, den die Herren Dr. Peters und Dr. Otto v. Weiss einnehmen, so hielt ich es doch für meine Pflicht, ihnen während ihrer Dienstzeit als Assistenten der Klinik die Gelegenheit, selbstständig sich ein Urtheil zu bilden, nicht vorzuenthalten.

Wien, September 1894. Gustav Braun.

Auf jene von v. Weiss durchgeführten und in extenso publicirten Fälle, insbesondere soferne sie die Zeit von Mai 1890 bis Ende Mai 1892 betreffen, werde ich mich natürlich nur ganz kurz beziehen.

Nachdem v. Weiss' Publication erschien, während diese meine Arbeit schon ziemlich weit vorgeschritten war, so glaube ich, da unsere Ansichten in therapeutischer Hinsicht etwas differiren und die bei den Umwandlungen angewandten Methoden, sowie unsere diesbezüglichen Erfolge nicht dieselben waren, mit der Publication, die sich in Folge dessen hauptsächlich auf die therapeutischen Fragen reducirt, nicht zurückhalten zu dürfen.

Jeder Beitrag zur Klärung dieser in neuerer Zeit von so manchen Autoren wieder ans Tageslicht gezogenen Frage erscheint mir werthvoll und ersehe ich darin, trotz der naturgemäss sich ergebenden, theilweisen Wiederbenützung desselben Materiales, die Berechtigung nachstehender Zeilen.

Die über Deflexionslagen erschienenen Arbeiten, und dieselben mehren sich in letzter Zeit, haben einzelne strittige Punkte geklärt, so dass ich mich bei der Besprechung des allgemeinen Theiles ziemlich kurz fassen kann.

Bezüglich der Aetiologie werde ich mich auch auf einige Bemerkungen beschränken, über die Therapie jedoch herrscht noch eine bedeutende Unklarheit und scheint mir ein näheres Eingehen auf diesen Punkt erwünscht.

Wir sehen oft genug bei den Aerzten ein unsicheres Herumtasten, und ich bin davon überzeugt, dass in den ausserklinischen Fällen eine Reihe von Kindern, die schliesslich der Craniotomie verfallen oder bei schweren Forcipes absterben, durch im richtigen Momente ausgeführte Correctur der Deflexion am Leben erhalten werden könnten. Es erscheint mir daher, für letzteres eine Lanze zu brechen, auch vom allgemein praktischen Standpunkte wichtig.

Des schliesslichen Resumés in therapeutischer Hinsicht wegen, kann ich nicht umhin, kurz Statistisches vorauszuschicken, wenngleich ich den Werth einer neuerlichen Statistik in unserer Frage nicht allzuhoch anschlage, denn die daraus zu ziehenden Schlüsse sind von anderen Autoren, wie v. Winckel, Spiegelberg, Walther, Mayr, Hoffkeinz, v. Weiss, v. Steinbüchl zur Genüge erledigt.

Insbesondere die Zusammenstellung v. Winckel's von 1741 Gesichtslagen unter 294.833 Geburten umfasst ein so grosses Material, dass kleinere Zahlen kaum noch in Betracht kommen.

Es empfiehlt sich, Gesichts- und Stirnlagen getrennt zu besprechen, dagegen glaube ich von einer Trennung sogenannter Stirneinstellungen von den Stirnlagen absehen zu können, da man mit viel Recht annehmen darf, dass in diesen Fällen, wo die Stirne lange die Führung behält, wahrscheinlich eine definitive Stirnlage schliesslich resultirt. Eine strenge Trennung beider lässt sich zwar theoretisch aufstellen und verfechten, in praktisch-therapeutischer Hinsicht jedoch scheint es mir mehr ein überflüssiger Wortstreit und finden wir auch, dass die einzelnen Autoren ziemlich willkürlich bald die eine, bald die andere Bezeichnung gebrauchen. Jedenfalls sind die »Stirneinstellungen« prognostisch und therapeutisch den Stirnlagen gleichzustellen und werden daher am besten unter diese eingereiht. Aetiologisch haben sie nichts Besonderes, sondern, wie alle verschiedenen Grade der Deflexion, die gleichen Momente. Für den praktischen Arzt wird jedenfalls ein für den Kliniker interessanter und wichtiger Unterschied nicht bestehen, und wird derselbe gut daran thun, sie als Stirnlagen mit ihrer vollen ernsten Bedeutung aufzufassen und sein Handeln darnach zu richten.

Bezüglich der von v. Winckel und Ahlfeld auf das ausführlichste detaillirten ätiologischen Momente, die in der Ahlfeld-schen Eintheilung auch in das Handbuch für Geburtshilfe (Küstner) übergegangen sind, habe ich nur Weniges anzuführen. Wir pflichten vollkommen der allgemein acceptirten Ansicht bei, dass wahrscheinlich in den meisten Fällen von Deflexionslagen nicht nur ein, sondern mehrere Momente zusammenwirken. Insoferne als die meisten unserer Fälle mit bereits perfecter Deflexion gebärend an die Klinik gebracht wurden, so konnte natürlich mit Ausnahme der durch räumliches Missverhältniss oder Lageveränderungen der Gebärmutter complicirten oder irgend welche pathologische Entstehungsmomente zeigenden,

von einer Beobachtung und Constatirung nicht die Rede sein.
Die Schwierigkeit, das Entstehen einer Deflexionslage unter dem
beobachtenden Finger nachzuweisen, ist ja auch die Ursache,
warum über diese Frage schon von Alters her eine so grosse
Anzahl theils hypothetischer, theils durch Beobachtung gestützter
Annahmen notirt sind. v. Winckel schon hat deren circa 33 auf-
finden können. Die Eintheilung Ahlfeld's, wie wir sie als
Schlussresumé in seinem Werke finden und wie sie von den
meisten reproducirt wurde, scheint mir insoferne keine glückliche,
als sie bei dem Nichtfachmanne Verwirrung hervorrufen kann.
Als secundäre Momente werden bei ihm alle jene bezeichnet,
die erst beim Vorrücken des Schädels, also bei Erstgeschwängerten,
schon in den letzten Wochen der Schwangerschaft, bei Mehrgeschwängerten erst, wenn sie gebärend werden zur Geltung
kommen. Es resultirt daraus, dass, wie Ahlfeld auf S. 47
schreibt, »eine secundäre Ursache bei sonst normalen Verhältnissen bei einer Erstgeschwängerten nicht existiren kann«, ein
Satz, der nicht so unbedingt acceptabel ist, nachdem wir auch
bei den meisten Erstgeschwängerten die Deflexion erst mit dem
Eintritt der Geburt, also dem weiteren Vorrücken des Schädels
auch bei sonst normalen Verhältnissen vorfinden, und wir in
vielen Fällen, z. B. in Nr. 1, 2, 5, 7, 8, 11, 12, 15, 16, 17, 18,
19, 22, 23, 26, 28 etc., bei Abwesenheit von Beckenverengerung
keine primären ätiologischen Momente entdecken konnten. Andererseits werden die Momente, welche Schatz angegeben hat, in
der Ahlfeld'schen Eintheilung gar nicht berücksichtigt, und
bin ich mit diesem der Ansicht, dass bei Mehrgeschwängerten
zu einer Zeit, wo von einem Tieferrücken des Schädels nicht
die Rede sein kann, schon Momente zur Entstehung der
Deflexion beitragen, die von Ahlfeld unter die secundären aufgenommen, hier entschieden als primäre aufgefasst werden müssen.
Es ist dies der Einfluss des unteren Uterinsegmentes, insbesondere
in seiner ungleichmässigen Entfaltung auf den Schädel, ein
Moment, auf welches ich weiter unten zurückkomme (Ahlfeld,
Secundäre Momente, 1, 2). Weiters möchte ich den Hemikephalus
als ätiologisches Moment von Bedeutung ausscheiden. Mit welchem
anderen Theile ein Schädel, der nur aus Gesicht besteht, durch

das Becken vorangehen soll, als mit dem Gesichte, ist mir nicht recht klar. Nachdem das ganze Schädeldach fehlt, ist der Schädel überhaupt nicht gezwungen, in einer bestimmten Weise durch den Beckencanal durchzutreten. Auffallend ist nur, wenn ein Hemikephalus einmal nicht mit dem Gesichte vorangeht, wie ich selbst dies zu beobachten Gelegenheit hatte. Für die mechanische Erklärung der Entstehung der Gesichtslagen ist dieses Moment jedenfalls vollkommen nebensächlich.

Ebenso sehen wir, dass ganz kleine, ich möchte sagen für die vorhandene Räumlichkeit in den Geburtswegen zu kleine lebende oder frisch abgestorbene, ebenso wie nicht allzugrosse macerirte Früchte, ohne von den umgebenden Geburtstheilen in ihrer Haltung irgendwie besonders beeinflusst werden zu müssen, geboren werden. Ich kann daher den Punkt K der primären Momente: »Abnahme der Grösse der Frucht«, sowie »die Maceration« auch nur als ganz nebensächliche Momente gelten lassen, denn abnorme Kleinheit oder Maceration der Frucht können mit demselben Rechte zu jeder anderen Haltung des Schädels disponiren, und sind die hiebei beim Durchtritt durch den Geburtscanal an seinen einzelnen Pforten gelegenen deflectorischen Momente gewiss nicht als »primäre« zu bezeichnen.

Ferner können die primären Momente $\alpha \beta$ »grössere Convolute um den Hals gelegter Nabelschnurschlingen«, dann $\alpha \gamma$ »breite Uterusstricturen« bei bereits in die Scheide geborenem Schädel um den Hals der Frucht, ferner $b \beta$ »durch Wasseransammlung in der Schädelhöhle, schliesslich die Winckel'sche Hypothese e »straff über die Stirne gelegte Nabelschnurschlinge«, weil theils vollkommen hypothetisch, theils zu den grössten Seltenheiten gehörig, als nebensächlich ausgeschieden werden. Bezüglich des Hydrokephalus bemerke ich, dass ich nie in der Lage war, weder in den klinischen, noch ausserklinischen Fällen eine Deflexion an denselben zu beobachten (v. Weiss verzeichnet eine Stirnlage bei Hydrokephalus) und ist es auch nicht recht einzusehen, warum der abnorm vergrösserte Schädel sich anders als mit dem Scheitel (höchstens Vorderscheitel) auf den Beckeneingang einstellen soll. Gesichtslagen sind ja überhaupt nur zwei Fälle bei Hydrokephalus bekannt. Fall Teply und Ahlfeld (letzterer nur vorübergehend). Wenn sich schliesslich in einzelnen wenigen Fällen der Hydrokephalus in Stirnlage einstellt, so ist eben gewiss das relative räumliche Missverhältniss das zu berücksichtigende Moment. Dasselbe Schicksal dürfte der Punkt d des secundären Moments, eine abnorme Rigidität oder ödematöse Schwellung einer oder beider Muttermundlippen, erfahren, indem wohl in allen diesen ohnedies spärlichen Fällen Ursache und Wirkung verwechselt wurden.

Es wäre demnach die Eintheilung der ätiologischen Momente meines Erachtens besser so zu formuliren:

I. Momente, die nur in der Frucht gelegen, allein, aber auch unter Hinzutritt anderer eine Deflexion erzeugen können:

a) Angeborene Kürze des Halses;

b) Vergrösserung und Verdickung der vorderen Halspartien (Struma congenita oder andere Geschwülste);

c) relatives Ueberwiegen des Gewichtes gegenüber der Länge;

d) dolichokephale Schädelbildung, besonders bei gleichzeitiger Vergrösserung des D. biparietalis;

e) relatives Ueberwiegen der Grösse des Schädels gegenüber dem vorhandenen Beckenraum;

f) grössere Härte des Schädels, eventuell auch bei Fehlen eines räumlichen Missverhältnisses;

g) Vorfall von Gliedmassen neben dem Schädel;

h) erhöhte Reflexbewegungen der Frucht;

i) Lagerung der Frucht innerhalb der Gebärmutter nach Schatz.

k) Schief-, besonders Bauchlage der Frucht.

II. Von den Eitheilen abhängige Momente:

a) Hydramnios (erhöhte Beweglichkeit der Frucht);

b) Placenta praevia.

III. Momente von den Geburtswegen abhängig:

a) Schieflage der Gebärmutter;

b) grössere Schlaffheit der Gebärmutter (Mehrgebärende)

c) ungleiche Entfaltung des unteren Uterinsegmentes;

d) trianguläre (herzförmige) Beschaffenheit der Gebärmutter;

e) Geschwülste in dem unteren Theil der Gebärmutter oder deren nächsten Umgebung (hieher gehört auch der Fall Ahlfeld, wo durch Füllung der Harnblase die Deflexion zu Stande kam);

f) Beckenverengerung (räumliches Missverhältniss), hiebei jede Art der Beckenverengerung als möglich angenommen, auch Hereinragen der Spinae ischii;

g) Unnachgiebigkeit des Beckenbodens (Straffheit der Ligamente).

Ausserdem kommen Deflexionen vor bei schnellem Abfluss des Fruchtwassers, bei schneller Lageveränderung der Frau, bei bedeutender Abnahme der Grösse der Frucht, bei macerirten Früchten. Hemikephalen gehen meist mit dem Gesichte voran.

Obige angeführte Momente können in allen Fällen also sowohl bei primären Deflexionslagen (während der Schwangerschaft), als auch bei secundären (im Anfange der Geburt zu Stande kommenden) concurriren. Primäre Gesichts- und Stirnlagen kommen bei Erst- und Mehrgeschwängerten vor, bei ersteren können sie sich constant erhalten, bei letzteren sind sie meist vorübergehend.

Bei Erstgeschwängerten lässt sich das Entstehen derselben, wenn räumliches Missverhältniss vorhanden ist, durch dieses erklären, wenn normale Verhältnisse in Frucht und Becken vorwalten, sind gewiss ungleichmässige Entfaltung des unteren Uterinsegmentes im Verein mit Schieflage des Uterus (physiologische Dextroversion und Rotation) oder auch den von Schatz angeführten Momenten der Fruchtlage und Uterusform die Veranlassung; dass Deflexionslagen nur bei Erstgeschwängerten während der Schwangerschaft vorkommen können, leugne ich. Dies kann ich durch eine Beobachtung stützen, woselbst ich bei einer Zweitgeschwängerten, die bei der Aufnahme Schädellage I. Position zeigte, einige Tage später gelegentlich einer Uebungsstunde Gesichtslage I. Position constatiren konnte, die am selben Tag nach 2—3 Stunden wieder in Schädellage übergegangen war. Die Betreffende kam 3 Tage später in Schädellage nieder; am Kinde keinerlei ätiologische Momente, Becken normal. Ich konnte für diesen Fall als ätiologisches Moment nur die ungleichmässige Entfaltung des unteren Gebärmutterabschnittes im Verein mit Streckbewegung der Frucht annehmen. Der Uterus war nicht auffallend schlaff, nicht auffallend rechts geneigt; Fruchtwassermenge eher etwas geringer. Während der Gesichtslage war der Steiss scheinbar stark in den linken Tubenwinkel gepresst und die Fersen konnten rechts rückwärts in dem anderen getastet werden. Auffallende trianguläre Form des Uterus war nicht vorhanden. Das untere Uterinsegment war in diesem Falle schon bei der Aufnahme der Schwangeren an die Klinik auffallend ungleichmässig entfaltet.*)

Wie die ältesten Schwimmversuche mit frischen Kindesleichen in Salzwasserlösungen (Duncan, später Veit, neuestens v. Steinbüchl) ergeben haben, stellt sich die Frucht der Regel nach auch innerhalb des Eisackes mit nach abwärts gerichtetem Schädel und leichter Deflexion desselben, so dass der Scheitel im unteren Eipol den tiefsten Punkt bildet. Diese leichte Deflexionshaltung wird wohl nur in den Fällen hochgradigen Hydramnions nicht durch die Anlagerung des Fruchtkörpers, speciell des Schädels an die umgebenden Uteruswandungen, respective den unteren Gebärmutterabschnitt beeinflusst. In allen anderen Fällen dürfte dieser Einfluss ein Schwanken in der Haltung des Schädels zur Folge haben, was man bei oftmaligen Untersuchungen Mehrgeschwängerter im Liegen und im Stehen leicht nachweisen kann. Bei Erstgebärenden wird der Schädel in dieser Haltung bald von dem durch das Hinaufwandern des Contractionsringes und der blumenkelchartigen Entfaltung der Cervix sich bildenden unteren Uterinsegmente aufgenommen und kann sich ja meist (natürlich mit Ausnahmen) nicht mehr viel rühren. Bei normalen Beckenverhältnissen tritt in den letzten Wochen ein so grosses Segment tief in den Beckeneingang, dass eine weitere Deflexion wohl nur äusserst selten vorkommen kann. Die Fälle, wo bei normalem Verhalten der Frucht und

---

*) Ich pflege bei den Schwangernaufnahmen aus didaktischen Gründen stets durch eine Zeichnung im Sagittal- und Frontalschnitte den Untersuchungsbefund zu demonstriren, wodurch den Hebammenschülerinnen das Verständniss wesentlich erleichtert wurde und konnte speciell in diesem Falle die Verhältnisse des Contractionsringes in vorerwähntem Sinne gut demonstriren.

der übrigen Eitheile und bei normalem Becken sich an dem in den letzten Schwangerschaftswochen physiologisch in den Beckeneingang hineingesunkenen Schädel während des Durchtrittes desselben durch das Becken höhere Deflexionsgrade wie Stirn- und Gesichtshaltung entwickeln, gehören ja zu den grössten Seltenheiten; es steigert sich die Deflexion nur bis zur Vorderscheitellage.

Bei Mehrgeschwängerten, wo der Schädel meist bis in die letzten Wochen vor Eintritt der Wehen oberhalb des Contractionsringes stehend und über dem Beckeneingang ballotirend eine dem vorerwähnten Schwimmhabitus ähnliche Haltung innehaben kann, liegen die Verhältnisse wesentlich anders. Der untersuchende Finger kann bei diesen durch das offene Orificium internum durchdringend nur höchst selten den ganzen Contractionsring in seinem vollen Umkreise abtasten.

Gewöhnlich ist die kleine kugelschalenartige Ausbuchtung des unteren Segmentes gegen die eigentliche Uterushöhle, respective gegen den den Schädel enthaltenden unteren Eipol nur an einer Seite durch einen oft scharfkantigen, sichelförmigen, stricturähnlichen Rand abgegrenzt, welcher nach vorne und rückwärts leicht ansteigend, auf der anderen Seite oft so hoch hinauf gerückt erscheint, dass der tastende Finger ihn nicht errreichen kann. Dies Verhältniss wird umso deutlicher, je näher das Ende der Schwangerschaft heranrückt. Diese schiefe Abgrenzung durch den Contractionsring habe ich wohl meist mit leichter Schieflagerung des Uterus, aber auch bei median gelagertem Organ gefunden.

Wenn nun bei Mehrgeschwängerten diese Verhältnisse vorliegen, so kann der etwas deflectirte Schädel in dieser kugelschalenartigen Pfanne festgehalten sein, wenn erhöhte Reflexthätigkeit der Frucht im Verein mit anderen Momenten (Schieflage des Uterus, Schieflage der Frucht, partielle Wirkung der Formrestitutionskraft der Gebärmutter) zur Geltung kommen und eine Ueberstreckung des Rumpfes bewerkstelligen. Es kann daher schon während der Schwangerschaft vollkommene Deflexion entstehen. Wenn dies erst beim Weheneintritt zu Stande kommt, wandert dann der Contractionsring auf der einen Seite bis an den Stirnhöcker oder Nasenwurzel, während er auf der anderen Seite schon viel höher hinauf über das Hinterhaupt bis in die Nackengegend gewandert ist. Es ist nicht undenkbar, dass ein solches Verhalten des Contractionsringes das erste ätiologische Moment zur weiteren Deflexion des Schädels abgibt (Fig. 1, 2).

Nach Schatz braucht, den triangulär geformten Uterus vorausgesetzt, in Fällen, wo der Steiss nicht in dem einen Horn festgehalten wird, der Schädel nur im Becken oder im unteren Uterussegment in einer Art Pfanne festzuliegen, damit seine

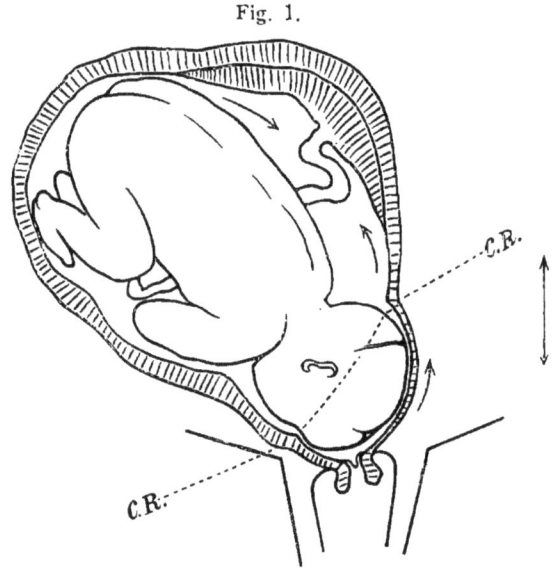

Fig. 1.

Beweglichkeit gehindert und das Zustandekommen einer Schief- oder Querlage unmöglich gemacht, respective das einer Gesichtslage ermöglicht werde.

Ich glaube, dass auch bei nicht gleichseitigem Uterus, wenn nur die gestreckten Beine die Uteruswand erreichen und den Steiss dadurch in den einen Tubenwinkel hineinpressen und der Schädel gleichzeitig unten festgehalten ist, Gesichtslagen zu Stande kommen können. Dass die trianguläre Form dies befördert, ist klar, nur muss sie nicht absolut vorhanden sein und ist auch in den seltensten Fällen von primären Gesichtslagen beobachtet worden. Ich habe eine solche Form exquisit nur zweimal vorgefunden, Nr. 77 ex 1885, Rücken rechts hinten, Steiss im rechten Tubenwinkel fixirt, Geburt in Gesichtslage, und im Fall Nr. 63 ex 1884, welcher bei der Schwangernaufnahme abgewiesen wurde und wieder erschien, schliesslich doch in Gesichtslage wiederkam.

Ich bin überzeugt, dass Gesichtslagen und Stirnlagen, wenn auch nur momentan entstehend und meist auch ebenso rasch wieder verschwindend, während der Gravidität bei Mehr-

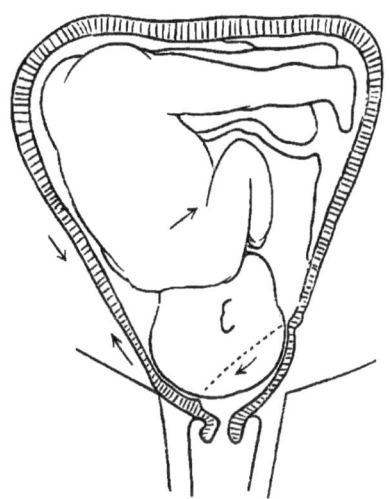

geschwängerten viel öfter vorkommen, als allgemein angenommen wird.

Die eventuell vorhandene primäre Dolichokephalie wird, wie Schatz schon in seinem Vortrage zu Strassburg hervorhob, natürlich immer das Entstehen der Deflexion befördern; ebenso Beckenenge, da der Schädel als eine um die durch die Tubera parietalis gehende, über die Endpunkte der Conjugata hervorragende Achse drehbare Walze aufgefasst werden kann und, wie Schatz richtig erwähnt, das Atlasgelenk in für die Deflexion günstigem Sinne verschoben wird.

Ich bin auf diesen Punkt etwas ausführlicher eingegangen, weil ich speciell dieses Moment in den Lehrbüchern und Publicationen vernachlässigt finde, nur Scanzoni*) und Freund**) erwähnen dasselbe.

Anschliessend führe ich noch einen Fall von während der Gravidität beobachteter Gesichtslage an; einen erwähnte ich bereits früher.

Nr. 120 (v. Weiss, Nr. 32). Erstgebärende, allgemein ungleichmässig verengtes Becken. Schon während der letzten Schwangerschaftswochen constant Gesicht quer im Eingange fixirt, dabei auffallend dünner, schlaffer, nicht triangulär geformter Uterus. Tiefer Querstand des Gesichtes. Forceps. Stellungsverbesserung. Episiotomie, starke atonische Blutung. Kind lebend, 2800. Mutter gesund entlassen.

Vide ausserdem v. Weiss (Nr. 76), ein Fall, der sehr gut beobachtet ist (hier Struma congenita).

---

*) Aufsätze über einige physiologische und praktische Gegenstände der Geburtshilfe. Nürnberg 1817, S. 206.

**) Betschler und Freund, Klinische Beiträge zur Gynäkologie. II, 1864.

A. Gesichtslagen.

In den Jahren 1880—1890 kamen 122 Gesichtslagen vor und entsprechen dieselben einer Geburtenanzahl von 27.901 Geburten.

Daraus resultirt ein Verhältniss von 1 : 228.

Winckel . . 1 : 169 (1741 : 294.832)
respective 1 : 158
Spiegelberg 1 : 324 (289 : 93.871)
Mayr . . . 1 : 136 (14.519 Geburten)
1859—1868 1 : 168
1869—1876 1 : 109
1859—1876 1 : 136
Hecker 1 : 127 (161 : 20.515)
v. Weiss . . 1 : 219 (1885—1892, 19.302 Geburten)
v. Steinbüchl 1 : 157 (334 : 52.464)

Wir sehen also bei unserem Materiale, dass, trotzdem es verschiedenen Zeiten entnommen ist, und sich nur zum Theil deckt, eine statistische Controle, welche mir vortheilhaft erscheint, das Verhältniss ein fast gleiches ist.

Unter den 122 Fällen finden sich 61 Primiparae, 52 Mehrgebärende, 9 Vielgebärende, also 61 Pluriparae, daher ein Verhältniss wie 1 : 1.

Nachdem v. Weiss in seiner Statistik 46 : 61 = 1 : 1·3 gefunden hat, ist dies ein Beweis, dass an ein und derselben Klinik Schwankungen vorkommen. Wenn wir den von der Lachapelle gethanen Ausspruch: »Comme tant d'autres elle assurait en être à sa première grossesse« mit vieler Berechtigung auch auf unser Material anwenden, so ist es nicht unmöglich, dass sich das Verhältniss auch bei uns etwas zu Gunsten der Mehrgebärenden verschieben liesse, was mit fast allen anderen Autoren stimmt.

Zum Vergleiche:

Ahlfeld . .	1·00 : 2·70
Fassbender	1·00 : 2·00
Hecker . .	1·00 : 1·77
Hoffbauer	1·00 : 1·40
Steinbüchl .	1·00 : 1·42
Walther .	1·00 : 1·81
Winckel	1·00 : 1·50

Unter den Vielgebärenden sind:

1 . . . VI.-Gebärende
3 . . . VII. »
3 . X. »
1 . XI. »
1 . . . XII. »

Wir verzeichnen 78 I. Positionen, gegen 44 II. Positionen, also 1·77 : 1·00, und stimmen damit mit fast allen übrigen Statistiken, nur v. Steinbüchl hat 2·1 : 1·0 gefunden und erklärt sich daher gegen den allgemein giltigen Satz, dass II. Positionen bei Gesichtslagen relativ häufiger vorkommen, als bei Schädellagen (ziemlich allgemein bei diesen 2—3 : 1 angenommen). Diese von v. Steinbüchl constatirte Thatsache, dass bei Gesichts- und Schädellagen das Verhältniss ein gleiches sein kann, kann obigen von Winckel und Hecker begründeten Satz insoferne alteriren, als Ausnahmen zugestanden werden müssen, hat aber meiner Ansicht nach auf das von Duncan betonte ätiologische Moment keinerlei Ingerenz.

In Bezug auf das Alter notire ich:

$$\text{I.-Gebärende} \begin{Bmatrix} 3 & . & . & ? \\ 1 & . & 17 \\ 3 & . & 18 \\ 4 & & 19 \\ 7 & . & 20 \\ 8 & . & . & 21 \\ 4 & . & 22 \\ 5 & . & 23 \\ 6 & . & 24 \end{Bmatrix} 41 \quad \text{I.-Gebärende} \begin{Bmatrix} 3 & . & 25 \\ 3 & & 26 \\ 1 & . & 27 \\ 2 & . & 28 \\ 4 & & 29 \end{Bmatrix} 13 \begin{Bmatrix} 1 & . & 30 \\ 3 & . & 31 \\ 2 & & 35 \\ 1 & . & . & 37 \end{Bmatrix} 7$$

II.-Gebärende 22 ⎫
III. » 17 ⎬ 52
IV. » 9 ⎪
V. » 4 ⎭

VI. » 1 ⎫
VII. » 3 ⎪
X. » 3 ⎬ 9
XI. » 1 ⎪
XII. » 1 ⎭

Es sind also auch bei uns relativ wenig alte Erstgebärende vorgekommen. Von den Kindern waren 67 Knaben und 55 Mädchen, davon wurden 101 lebend geboren, von denen 3 bald nach der Geburt starben, 2 an Lungenatelektase, beim 3. ist die Todesursache unbekannt. 20 wurden theils todt, theils tief asphyktisch und nicht wiederbelebbar geboren (11 + 9). Es stellt sich das Procent der todten Früchte, ohne die 3 später gestorbenen, auf $16\cdot 4^0/_0$. Eine Frucht war macerirt.

Von diesen 20 entfallen 9 auf die Jahre bis 1883, d. i. 47 Fälle mit 9 Todtgeburten gegen 75 Fälle mit 11. Das Durchschnittsgewicht stellt sich auf 3171. Die Durchschnittslänge auf 47·38, daher zeigt sich auch bei uns ein Ueberwiegen des Gewichtes gegenüber der Länge.*)

Die Früchte waren meist recht kräftig und dick.

Nicht 3000 erreichten:

    1 macerirte Frucht, 1650.
    2050—2500 .... 4.
    2500—3000 .... 21.

Von den Müttern starben 5.

1 an der Klinik zu Stande gekommene Uterusruptur, Verblutung.

1 mit perfecter Uterusruptur überbracht, Verblutung.

1, wahrscheinlich schon von aussen inficirt überbrachte Peritonitis.

2 Peritonitiden, die der Klinik zur Last fallen.

---

*) Auf 100 berechnet, ergibt sich die Zahl 6693, welche mit anderen Autoren stimmt.

Wenn wir die zwei ausscheiden, so restiren auf Rechnung der Klinik 3 Todesfälle, d. i. 2·46% (respective 4·1%). Die beiden Peritonitiden betrafen unglücklicherweise gerade Fälle, bei denen Umwandlungen gemacht worden waren. Hiezu muss ich bemerken, dass gerade diese Fälle wahrscheinlich öfters und controlshalber von mehreren Händen untersucht wurden und dass in Folge der ungünstigen Situation der Klinik durch geraume Zeit kleine Endemien zu beobachten waren und es nur der unermüdlichen Energie meines hochverehrten Chefs schliesslich, trotz vieler Hindernisse, gelang, die Klinik zu assaniren. Vorher vermochte oft die peinlichste Antiseptik nicht die Aseptik der Klinik zu erzwingen.

So wie bei diesen beiden Umwandlungen kamen auch bei anderen operativen und auch bei spontanen Fällen von Zeit zu Zeit Todesfälle vor und können dieselben wohl nicht gegen die Operationsmethode ins Feld geführt werden, denn bei der Operation selbst dürften die Infectionen wohl kaum zu Stande gekommen sein, nachdem die Operateure (Breus, Ferro in dem einen Fall, ich in dem anderen) an demselben Tage noch andere operative Fälle, die gesund blieben, erledigten. Man kann also bestimmt den unglücklichen Ausgang nicht der Operation in die Schuhe schieben. In dem Fall Pr.-Nr. 709 ex 1888 war allerdings (zufälligerweise?) die Infection von einer Metrolymphangioitis der Seite ausgegangen, auf welcher mit der Hand eingegangen worden war (links), es konnten aber keinerlei Verletzungen im unteren Uterinsegmente constatirt werden und ist es ebenso denkbar, dass ein inficirter untersuchender Finger nach der erfolgten Umwandlung die Infectionskeime gerade an der linken Partie der Cervix ablagerte.

Uebrigens war gerade in diesem Falle die Umwandlung ganz besonders leicht. Das Becken normal, das Gesicht beweglich über dem Eingange, von einer Dehnung oder Spannung des unteren Uterinsegmentes keine Spur. Es wurde daher sicher letzteres mechanisch nicht insultirt. Wenn die Einführung der Hand neben dem Gesichte oder Schädel ein bedenkliches Moment wäre, müsste ja die Prognose jeder Wendung gefährdet sein, was thatsächlich nicht der Fall ist.

Ich verweise, um Wiederholungen zu vermeiden, bezüglich der Details der 5 Todesfälle auf die ausführlichen Tabellen.

Von den 122 Fällen erkrankten, die Todesfälle mitgerechnet, 30. Von diesen die meisten allerdings leicht (Endometritiden und Parametritiden), nur 1 schwer; Processus puerperalis (missfärbiges Fruchtwasser), der geheilt wurde. Von den 30 wurden 25 geheilt entlassen, 4 darunter in Privatpflege übergeben.

Wenn wir die ersten 3 Jahre bis 1883 gegen die späteren vergleichen, so entfallen

auf 47 Gesichtslagen 9 Erkrankungen,
1 Todesfall,
„ 75 „ 16 Erkrankungen,
4 Todesfälle
(2 auf Rechnung der Klinik).

Enge Becken wurden 41 beobachtet. Unter sämmtlichen Gesichtslagen ein Drittel der Fälle, wobei ich allerdings bemerken muss, dass vielleicht einige geringfügige Verengerungen in den Protokollen nicht notirt erscheinen. Allerdings wurde bei Gesichtslagen stets auf das Becken geachtet.

Von den 41 sind
20 Primiparae,
21 Pluriparae,
unter letzteren 5 Vielgebärende.

Unter den engen Becken sind
24 einfach platte,
1 platt-rachitisches,
9 allgemein gleichmässig verengte,
7 allgemein ungleichmässig verengte, meist platte Becken,

und zwar folgende:

Geburten-Zahl	Becken	C. v.	Verlauf	Gewicht	Kind	Mutter
1	platt, 24·5, 27, 30, 18·5, 87, 145	?	Forceps	2950	lebend	gesund
1	platt	?	spontan	3350	lebend	gesund
1	platt	8·5	Wendung Extraction, Forceps a. n. K.	3000	todt	geheilt
1	platt	9·5	spontan	3100	lebend	gesund
1	platt	9·0	Umwandlung gelungen	3350	lebend	geheilt
1	platt, 23, 27, 30, 17, 88	—	Forceps	3550	lebend, gestorben	gesund
1	platt	?	Umwandlung misslungen, Forceps	3400	lebend	gesund
1	platt	9·0	Umwandlung misslungen, Wendung, Extraction	3900	lebend	geheilt
1	platt	8·0	spontan	3100	lebend	gesund
6	platt	9·5	spontan	2950	lebend	gesund
5	platt	9·5	spontan	3350	lebend	gesund
2	platt	9·0	Wendung, schwere Extraction	4500	lebend	gesund
2	platt	9·0	Forceps, Craniotomie	3050	todt	gesund
3	platt	9·0	Forceps (Drehung)	3600	lebend	gesund
4	platt	9·0	spontan	3350	lebend	gesund
4	platt	8·5	Handvorfall, Wendung, Extraction	3300	lebend	gesund
10	platt	9·5	Achsenzugforceps	3650	lebend	gesund
3	platt	9·5	spontan	4000	lebend	gesund
12	platt	9·0	Umwandlung gelungen	2800	lebend	gesund
3	platt	9·5	Umwandlung gelungen	3000	lebend	gesund

Geburten-Zahl	Becken	C. v.	Verlauf	Gewicht	Kind	Mutter
3	platt, 26, 29·5, 31, 17·5, 84, 147	—	Redressement der Stirne, spontan	3500	lebend	gesund
2	platt, 25·5, 29, 31, 18·5, 89	10¹/₄	Umwandlung gelungen	3400	lebend	gesund
2	platt, 24, 26, 28, 18, 80	8·5	Umwandlung misslungen, Wendung, Extraction	3500	lebend	gesund
2	platt, 24, 28, 30, 18, 89	8·5	Umwandlung misslungen, Forceps	3850	todt	gesund
1	platt, rachitisch, 26, 25, 30, 19	9·0	Umwandlung misslungen, spontan	2700	lebend	gesund
1	allgemein gleichmässig verengt	8·5	Wendung, Ruptura uteri, Perf. d. n. K.	2350 S. cerebr.	todt	gest.
1	allgemein gleichmässig verengt, 21, 25·5, 29·5, 18	8·5	Craniotomie	2700 S. cerebr.	todt	geheilt
1	allgemein gleichmässig verengt	9·5	Forceps	2600	lebend	geheilt
1	allgemein gleichmässig verengt, 20·5, 21·5, 30, 16·5	8·5	Wendung nach Braxton Hicks, schwere Extraction Forceps a. n. K.	2650	wieder belebt	geheilt
1	allgemein gleichmässig verengt	8·0	Wendung nach Braxton Hicks, Extraction	3100	lebend	gesund
1	allgemein gleichmässig verengt	?	spontan	3000	lebend	gesund
1	allgemein gleichmässig verengt, 24, 27, 31, 17, 79, 149	9·0	Umwandlung misslungen, Craniotomie	3600 S. cerebr.	todt	gesund
3	allgemein gleichmässig verengt	8·5	Craniotomie	2750 S. cer.	todt	gesund
2	allgemein gleichmässig verengt	9·5	Umwandlung gelungen, Ausgangsforceps	2950	lebend	gest., Peritonitis

Geburten-Zahl	Becken	C. v.	Verlauf	Gewicht	Kind	Mutter
1	allgemein ungleichmässig verengt, platt, rachitisch, 25, 27, 30, 18, 84	?	Craniotomie (maniakalisch)	3500 S. cerebr.	todt	gesund
1	allgemein ungleichmässig, besonders platt verengt, 21·5, 26, 28, 17·5	9·5	Craniotomie	2050 S. cerebr.	todt	gesund
1	allgemein ungleichmässig verengt, 21, 23, 29·5, 19·5, 81, 142	8·5-9·0	Forceps	2800	lebend	gesund
3	allgemein ungleichmässig verengt, 23·5, 27, 32, 19, 83	9·5	Umwandlung misslungen, Wendung, Extraction	2950	todt	gesund
10	allgemein ungleichmässig platt, rachitisch, verengt, 23, 24·5, 29, 16, 72	7·5	mit Uterusruptur überbracht, Wendung, Extraction	3200	todt	gest.
7	allgemein ungleichmässig verengt, platt, 23·5, 28·5, 30, 17·5, 76, 137	8·5	Aussen inficirt, Wendung, Extraction	3100	todt	gest.
2	allgemein ungleichmässig platt, verengt, 22, 28, 29. 83, 16	9·5	spontan	2950	lebend	gesund

Wenn wir diese Tabelle durchsehen, finden wir, dass von den 24 einfach platten Becken 8 spontan verliefen (darunter 1 Fall nach Redressement der Stirne), von diesen 8 waren 3 Erstgebärende mit reifen Kindern, 2 mässige Verengerungen, 1 mit C. v. = 8·00, 5 Mehrgebärende mit reifen Kindern (ein Kind 4000), alle mit mässigen Verengerungen (9·0—9·5).

Ein platt-rachitisches bei einer Erstgebärenden, frühreifes Kind, 9·0, spontan; von den 9 allgemein gleichmässig verengten

Becken verlief nur 1 Fall bei einer Erstgebärenden spontan, reifes Kind, mässige Beckenenge; von den 7 allgemein ungleichmässig verengten Becken auch nur 1 Fall bei einer Mehrgebärenden, knapp reifes Kind, mässige Beckenenge.

Also von 41 Fällen nur 11 spontane Geburten (26·8%), von welchen eine Primiparae mit C. v. = 8·0, 3100, und eine Multiparae mit C. v. = 9·5, 4000, besonders erwähnenswerth.

Die Mütter alle nach normalem Puerperium entlassen, die Kinder alle lebend. Unter den 11 spontanen Geburten ein Fall nach misslungenem Umwandlungsversuch.

Unter den 30 operativ Entbundenen waren 8 Forcipes, Kinder reif, eines todtgeboren, eines später gestorben, sieben Mütter nach normalem Puerperium, eine nach Erkrankung geheilt entlassen, 2 Forcipes nach misslungenen Umwandlungsversuchen.

Die Becken schwankten zwischen 8·5—9·5 C. v.

11 Wendungen mit Extractionen, 9 Kinder reif, 1 überreif, 1 frühreif;

5 Kinder todt, 1 Kind asphyktisch, wiederbelebt;

3 Mütter todt, 1 mit Ruptur überbracht, C. v. = 7·5, 1 Ruptur während der Wendung entstanden, C. v. = 8·5, eine Peritonitis.

Darunter 3 Wendungen nach missglückten Umwandlungsversuchen, 1 Kind todt, Mütter gesund.

Die Becken zwischen 8·0—9·5.

6 Craniotomien, 3 Kinder reif, 2 überreif, 1 frühreif, alle Mütter gesund entlassen, eine nach leichter Endometritis; darunter ein Fall nach misslungenem Umwandlungsversuch (allgemein verengtes Becken, sehr breiter Schädel).

12 Umwandlungen, respective Umwandlungsversuche, davon 5 Umwandlungen gelungen, darunter 4 platte Becken $10^1/_4$, 9·5, 9·0, 9·0; 1 allgemein verengtes Becken 9·5, Kinder reif, lebend; 4 Mütter gesund entlassen (eine nach leichter Erkrankung); 1 Mutter gestorben (Peritonitis).

7 Umwandlungen misslungen, darunter 4 platte Becken, 1 platt-rachitisches Becken (2 mit 8·5, 3 mit 9·0), 2 allgemeine Verengungen, 1 mit 9·5, 1 unbedeutend; 4 Kinder reif, 2 überreif, 1 frühreif.

3 Kinder todt, 4 lebend; bei den 3 todten: 1 Craniotomie (9·0, 3600), 1 Forceps (8·5, 3850), 1 Wendung (9·5, 2950); die Mütter gesund entlassen (eine nach leichter Erkrankung).

Das Resumé über diese Umwandlungen, respective -Versuche, im Vergleich zu den anderen Operationsverfahren, lasse ich am Schlusse in gemeinsamer Besprechung mit den Stirnlagen folgen. In dieser Tabelle mussten natürlich die ausserhalb des Decenniums liegenden Fälle (Nr. 24 ex 1890), sowie der von v. Weiss ausgeführte (Nr. 75 ex 1891), bei welchem auch Beckenenge vorhanden war, ausser Acht gelassen werden.

Wir finden unter den Beckenengen 20 Erst- und 21 Mehrgebärende, unter den 24 + 1 platten Becken 10 Erst- und 15 Mehrgebärende, unter den allgemein verengten Becken 10 Erst- und 6 Mehrgebärende. Bei diesen 20 Erstgebärenden konnte in den wenigsten Fällen ein »primäres« ätiologisches Moment aufgefunden werden, daher die Beckenenge wohl als »secundäres« und massgebendes Moment anzusprechen ist. Nachdem nicht wahrscheinlich, dass bei allen diesen Fällen die Deflexion schon intra graviditatem bestand, muss dieselbe wohl meistens im Anfange der Geburt zu Stande gekommen sein. Nur bei einer konnte schon in graviditate sicher das Gesicht quer im Eingang fixirt constatirt werden (Nr. 2190 ex 1889, Nr. 120), dabei war ein auffallend schlaffer, dünner Uterus vorhanden. Bei mancher von den anderen mag wohl durch ein ungleichmässig entfaltetes unteres Uterinsegment und durch Schieflage des Uterus oder der Frucht die Deflexion schon im Vorhinein begünstigt worden sein. Dass unter diesen unterstützenden Momenten der auf das platte Becken meist etwas deflectirt sich einstellende Schädel mit seinem biparietalen grösseren Durchmesser einen grösseren Widerstand findet, als mit seinem kleineren bitemporalen, ist von vorneherein klar. Ebenso findet bei allgemeiner Verengung der extramedian eingestellte Schädel entweder mit dem Occiput oder, wenn schon etwas deflectirt mit dem Vorderscheitel, einen Hebelpunkt an der in querer Richtung verkürzten Linea innominata.

Bezüglich der Geburtsdauer konnten wir constatiren, dass solche Verschiedenheiten vorhanden waren, dass die Aufstellung eines Durchschnittsmasses wohl zwecklos erscheint. Bei Erstgebärenden waren Schwankungen zwischen $5^3/_4$ und 60 Stunden, bei Mehrgebärenden von $2^1/_2 - 82^1/_2$ Stunden.

Jedenfalls ist dies für die Kritik des therapeutischen Handelns sowohl als auch für die Beurtheilung der Gesichtslagen im Allgemeinen belanglos. Approximativ kann man die Geburtsdauer bei Gesichtslagen als doppelt so gross, wie bei Schädellagen annehmen, bei der Nothwendigkeit jedoch, bei Gesichtslagen noch mehr zu individualisiren, als bei anderen Fällen, kann von einer allgemein giltigen Norm nicht die Rede sein. Es sind daher in den Tabellen jedem Falle die Zahlen der Geburtsdauer vom Beginne der Wehen bis zur Geburt des Kindes, und vom erfolgten Blasensprung bis zum Austritt der Frucht beigefügt.

Für die mit Beckenenge complicirten Fälle habe ich zum Vergleich mit dem Durchschnittsmass für Umwandlungen ein solches herausgerechnet, und fand ich für Erstgebärende mit den Umwandlungen 22·3, ohne gelungene Umwandlungen 22·6; für Mehrgebärende, mit den Umwandlungen 17·6, ohne gelungene Umwandlungen 18·86; für die gelungenen Umwandlungen bei Beckenenge 11·4 Gesammtgeburtsdauer, 1·5 vom Blasensprung bis zum Austritt der Frucht; für die gelungenen Umwandlungen insgesammt 14·6.

Ich will gleich hier erwähnen, dass bei den gelungenen Umwandlungen von dem Moment der perfecten Umwandlung bis zum Austritt der Frucht meist eine auffallend kurze Zeit verstrich, 10—30 Minuten, selten 1, $1^1/_2$, seltener 2—3 Stunden, und in einem Falle primärer Wehenschwäche (doppelte Schnurumschlingung um den Hals) 18 Stunden, bei dem Fall aus der poliklinischen Praxis 5 Stunden. Die Durchschnittszahl beträgt für alle 2·36, mit Ausschluss der letzterwähnten 1·4. Ich komme schliesslich darauf zurück.

Ausser den bei Beckenenge notirten:
11 spontanen,
8 Forcipes,
11 Wendungen,
6 Craniotomien,

5 Umwandlungen,
7 misslungenen (1 spontan, 3 Wendungen, 2 Forcipes, 1 Craniotomie), wurden bei normalem Becken erledigt:

59 spontane Fälle { darunter 56 lebende, 3 todte Kinder (1 macerirt)
                    50 Mütter gesund, 9 nach Erkrankung geheilt

4 Forcipes { darunter 2 lebende, 2 todte Kinder
             2 Mütter gesund, 2 nach Erkrankung geheilt

3 Wendungen { 3 Kinder lebend
              3 Mütter gesund

3 Craniotomien { 3 todte Kinder
                 1 Mutter gesund, 2 nach Erkrankung geheilt

12 Umwandlungen { 12 lebende Kinder
                  9 Mütter gesund, 2 geheilt, 1 gestorben

4 Umwandlungen misslungen, von diesen 3 spontan, 1 durch Wendung erledigt { 4 lebende Kinder
                                                                             3 Mütter gesund, 1 geheilt

In Summe also:
70 spontane Fälle,
12 Forcipes,
14 Wendungen,
9 Craniotomien,
17 Umwandlungen gelungen,
11   »   misslungen.

	Kind		Mutter		
	lebend	todt	gesund	geheilt	gestorb.
70 spontan	67	3	61	9	—
12 Forcipes	9	3	9	3	—
14 Wendungen	9	5	8	3	3
9 Craniotomien	—	9	6	3	—
17 Umwandlungen	17	—	12	3	2
122	102	20	96	21	5

Notirt erscheinen 9 Episiotomien und 7 Verletzungen der Vagina und des Dammes, eine davon bis ins Cervicalgewebe hinein, eine Varixberstung in der Vulva.

Als besonders erwähnenswerth wären nachstehende Fälle anzuführen:

Nr. 115. Gesicht geht ohne innere Rotation quer durch die Vulva, kleine Frucht, junge Erstgebärende mit normalen Geburtswegen.

Nr. 75. Eine Spontanflexion des im Eingang vollkommen deflectirt eingestellten Schädels (ohne Seitenlagerung), Austritt der Frucht in Vorderscheitellage, normales Becken, Erstgebärende, Kind 3500.

Nr. 81. Gesichtslage verwandelt sich unter Seitenlagerung (Schädel klein, Gesicht nicht fixirt) in Schädellage, spontaner Austritt, 2400, lebend, Mutter gesund.

Nr. 79. Ein Fall von maniakalischer Aufregung intra partum mit mehreren Fluchtversuchen, welche die zwangsweise Narkose und rasche Entbindung (Forcepsversuch, Craniotomie) erforderte. Dieselbe war, als die Patientin aus der Narkose erwachte, vollkommen verschwunden.

Nr. 91. Ein Fall von Zurückgehaltenwerden des Kinns (Beckeneingang?), Redressement der Stirne bewerkstelligt das Tiefertreten, spontaner Austritt in Gesichtslage, Kind 3500, plattes Becken, Mehrgebärende (vide auch Nr. 23 der Stirnlagen).

Die Literatur über die Correctionsverfahren der Deflexionslagen ist bereits eine ziemlich umfangreiche; von älteren Daten besitzen wir nur Spärliches; Moschion dürfte der Erste gewesen sein, welcher empfahl, den Situs in dentes in Schädellage umzuwandeln.

Im 17. Jahrhundert herrschte über die Therapie der Gesichtslagen grosse Verwirrung. Die meisten Geburtshelfer huldigten den verschiedensten Operationsverfahren, sämmtlich in der Ansicht befangen, dass Gesichtslagen absolut eine ungünstige Prognose bilden. Der einzige Paul Portal sagt in seiner Pratique des accouch., 1685, pag. 282, dass man Gesichtslagen auch der Natur überlassen könne. Auch de la Motte kämpft vergeblich gegen gewichtige Gegner, wie Peu, Deventer, Smellie, Levret, Saxtorph und Stein der Aeltere. Als Vertheidiger des expectativen Verfahrens wäre noch Deleurye in seiner »Traité des accouch., 1757«, zu erwähnen.

Erst der berühmte Baudelocque brachte in diese Wirrnisse Klarheit; in seinen »L'art des accouchements« ist er für mentoanteriore und mentoposteriore Einstellungen für die manuelle Correctur durch Umgreifen des Occiputs, bei letzteren für eine vorhergehende Drehung des Gesichtes durch Hereinziehen desselben in die seitliche Beckenhälfte mittelst Zuges an den Seiten der Nase.

In seinen »Principes sur l'art des accouchements«, pag. 430, gibt er die Möglichkeit der manuellen Correctur bei mentoposterioren Einstellungen durch Druck auf Nasenrücken und Fossae caninae (Baudelocque I.) allein zu, während er für mentoanteriore Stellungen das Umgreifen des Hinterhaupts (Baudelocque II.) empfiehlt. Im Grossen und Ganzen ist er mehr für letztere Methode eingenommen, befürwortet aber auch selbstverständlich Wendung und Zange für den Fall, dass diese manuellen Versuche missglücken sollten.

Da kam die grosse Reaction, insbesondere durch die Wiener Schule, als Boër und Zeller ihre fast unglaublich klingenden Resultate beim expectativen Verfahren veröffentlichten.

Dieser Reaction folgte bald ganz Deutschland und auch in Frankreich traten Lobstein in Strassburg, P. Dubois und die Lachapelle mit ihrer Autorität gegen die früher gepflogene Polypragmasie ein. Letztere verwirft die manuellen Umwandlungen überhaupt. Dagegen finden wir nur schüchterne Einwendungen in Frankreich durch Cazeaux in seiner »Traité théorique et pratique de l'art des accouchement, 1853«; in Deutsch- in dem »Handbuch der Entbindungskunst« von Franz Benjamin Osiander (1828), welche sich in Ausnahmsfällen für die manuelle Correctur aussprechen. Rosshirt und Osiander pflegten zeitweise Umwandlungen zu machen.

Erst J. Pippingsköld veröffentlicht 1869 wieder einen Fall, wo er bei einer stark verzögerten Geburt bei einer Erstgebärenden mit normalem Becken, Kind 3800, eine erfolgreiche Umwandlung (Baudelocque I.) ausführte.

1872 berichtet Fritsch über einen ebensolchen Fall bei einer Mehrgebärenden mit normalem Becken bei einem Kind von 3750; er erreichte mit Wechsel der Hände (Lagerung auf die Kinnseite, der Stirnseite entsprechende Hand) nur eine Scheitellage, die durch Lagerung auf die Seite sich spontan in Hinterhauptslage corrigirte.

1873 veröffentlichte Schatz seine bekannte Methode der Correctur durch alleinige äusserliche Handgriffe (31jährige Zweitgebärende mit C. v. 9·0 cm, Kind 3500. Erfolg). Diese Methode, welche unter den Geburtshelfern viel Aufsehen erregte, fand schliesslich, da zu viel Misserfolge bekannt wurden, doch keinen Anklang.

Welponer übte sie fünfmal erfolglos, einmal mit Erfolg.

v. Weiss und ich hatten mit dieser Methode allein keine Erfolge, obwohl die Versuche streng nach den Angaben von Schatz ausgeführt wurden; ja Ersterer erlebte dabei einmal eine vorzeitige, theilweise Lösung der Placenta. Bei schon Gebärenden leistet sie jedenfalls nichts, und Schwangere mit Deflexionslagen bekommen wir ja nicht viel zu Gesicht, jedenfalls sehr wenige Mehrgeschwängerte, bei welchen die Methode noch mehr Aussicht auf Erfolg hätte.

Kolosser veröffentlicht 4 Fälle aus der Halle'schen Poliklinik. Drei davon von Brennecke, einer von Küstner ausgeführt. Dieser versuchte nur Schatz'sche äussere Handgriffe — erfolglos. Ersterer hatte einmal Erfolg (Baudelocque I.), zweimal Misserfolg (Baudelocque I.), 3 Mehrgebärende, normale Becken.

Beim erfolgreichen Fall künstlicher Blasensprung bei fast verstrichenem Orificium, eine Stunde später Umwandlung; bei den beiden anderen vorzeitiger Blasensprung bei engem Orificium (ein Fall spontan, eine Wendung). Reife Kinder, lebend. Mütter gesund.

Brennecke führte ausser diesen dreien noch einen vierten aus: plattes Becken, Stirneinstellung, Umwandlung von Erfolg (Baudelocque I.). Mutter und Kind gesund. Er betont den günstigen corrigirenden Einfluss der Umwandlung auf die vorher abnorme Wehenthätigkeit und erwähnt, dass die Drehung des Kopfes anfangs leicht gehe, dann komme ein »todter Punkt«, wo die weitere Drehung schwierig werde.

Ich habe dieselbe Erfahrung gemacht. Es ist dies jener Moment, wo durch die Streckung des Halses die Fruchtachse sich etwas verlängert.

Partridge veröffentlicht 1877 zwei Fälle bei Primiparen, wo die Umwandlungen durch das Hinaufschieben von zwei Fingern bis an das Hinterhaupt (?) und Lüftung des kindlichen Körpers mit der anderen Hand von aussen erfolgreich effectuirt worden sein sollen. 1894 publicirt er fünf Fälle mit vier Erfolgen (Baudelocque II.).

Cramen publicirt einen Fall, wo auch durch die Einführung von zwei Fingern über den Scheitel eine Scheitelbeinlage erzeugt worden sein soll, die mit dem Forceps erledigt wurde (Baudelocque II.).

Humphrey corrigirte bei einer Primipara mit Hängebauch (Becken?) bei mentoposteriorer Einstellung (Kinn ganz unter dem Promontorium) durch Baudelocque II in Knieellenbogenlage mit Erfolg.

Makay berichtet über 11 Fälle, darunter 10 gelungene Umwandlungen (Methode?), meist kleine Früchte. Er behauptet, dass die Umwandlung auch noch gelingt, wenn das Gesicht schon tief im Becken stehe.

Volland empfiehlt bei mentoposterioren Einstellungen (Verzögerung des Eintrittes des Gesichtes im Becken, 6stündige Austreibungsperiode) die Hereinziehung des Kinns mit der ganzen Hand in die eine Beckenhälfte. Es gelang ihm bei schon tief unter der Beckenmitte stehendem Gesicht. Also ein Verfahren, welches mit dem Scanzoni-Lange'schen eine Aehnlichkeit hat. Ebenso Loviot.

Hallidag Croom erwähnt eines Falles, wo bei einer primären Gesichtslage spontan durch Uteruscontractionen vier Tage vor Beginn der eigentlichen Geburtswehen die Correctur in Hinterhauptslage zu Stande kam. (Kind zeigt noch mehrere Wochen später die Extensionsstellung des Kopfes?)

Ebenso ein Fall von Frömmel, wo spontaner Uebergang von Gesichtslage in Hinterhauptslage beobachtet wurde.

Mann publicirt einen Fall, wo bei Beckenenge nach vorausgeschicktem vergeblichen Wendungs- und Zangenversuch (?) die Umwandlung nach Baudelocque II. + Schatz noch gelang. Anlegung des Forceps am Schädel. Kind 3600, lebend. Mutter gesund.

Smyth erwähnt einen Fall von Stirneinstellung mit Vorfall beider Hände und Füsse (Frucht wahrscheinlich sehr klein?), wo ihm die Umwandlung in Hinterhauptslage gelang.

Eli H. Long (Buffalo) publicirt einen Fall von Correctur von Stirnlage (Stirneinstellung) in Hinterhauptslage. Eingehen mit der Hand in die Vagina und mit 2 Fingern über die Stirne gegen das Hinterhaupt zu (?); angeblich Erfolg.

Hertoghe: Ein Fall von Umwandlung bei Gesichtslage in Seitenlage ausgeführt. Die Finger umgreifen scheinbar nicht ganz das Occiput, trotzdem Erfolg. Starke Blutung (Cervixriss). Mutter?

Was den Fall von Ziegenspeck anbelangt, der aus diesem einen Fall ein endgiltiges Urtheil über diese Fragen fällen zu können glaubt, so wurde dieser bei einer Drittgebärenden mit 9·7 C. v. und einem Kinde, dessen Gewicht nicht angegeben, dessen Länge 50 war, mittelst Baudelocque I + Schatz mit Erfolg erledigt. Zu dem Passus: »Für die Abschätzung des Werthes der einzelnen Methoden ist dieser Fall von viel höherer Bedeutung, als eine Reihe aus der Literatur zusammengestellter Fälle. Hier operirte derselbe Operateur an demselben Becken und mit demselben Kinde bei der gleichen Assistenz, kurz unter vollkommen gleichen Bedingungen wurden die einzelnen Verfahren durchprobirt,« möchte ich bemerken, dass, nachdem eine Seite vorher zu lesen: »Ueber das Hinterhaupt mit der halben Hand emporzudringen, um es zu umfassen, war nicht möglich, ohne den Kindskopf emporzudrängen und dies verbot die ad maximum gespannte Cervix uteri« — die Methode Baudelocque II. nicht in diesem Falle durchprobirt wurde. Auffallend ist, dass, wenn die Dehnung des unteren Uterinsegmentes wirklich so bedeutend und die Gefahr der Uterusruptur so imminent war, wie vom Autor betont wird, bei der Umwandlung der Kopf so plötzlich, »mit einem Ruck, wie durch Federkraft gedreht«, sich in den Eingang einstellen konnte. Jedenfalls dürfte bei Dehnung des unteren Uterinsegmentes eine so plötzliche Drehung diesem ziemlich gefahrbringend sein. Ich will hier daran erinnern, dass bei Gesichtslagen nach Fruchtwasserabfluss oder bei sehr wenig Fruchtwasser bekanntermassen viel leichter eine der Bandl'schen Furche ähnliche Einschnürung in der Nackengegend des Kindes am Uterus getastet und gesehen werden kann als bei Schädellagen zu einer Zeit, wo von einer bedrohlichen Dehnung des unteren Segmentes meist noch lange keine Rede ist. Es fällt mir natürlich nicht bei, das Vorhandensein der Cervixdehnung im Falle Ziegenspeck zu leugnen, ob aber eine Uterusruptur so imminent war, dass man es nicht wagen durfte, mit der Hand das Hinterhaupt zu umfassen, darüber können, glaube ich, die Ansichten verschieden sein. Eine so bedeutende Gefahr für die Cervix jedoch vorausgesetzt, scheint es mir jedenfalls besser, den Zeitpunkt für die Umwandlung früher zu wählen. Im Ziegenspeck'schen Falle wäre schon um Mitternacht (21.—22.), also 6 Stunden nach dem bei 7 cm erfolgten Blasensprung, bei spasmodischer Wehenthätigkeit und über 60 Stunden nach dem Wehenbeginn die Correctur möglich gewesen. Der Autor empfiehlt die Correctur nur für mentoposteriore Einstellungen. Bei mentoanterioren könne man stets (auch im Eingang!) die Zange gebrauchen. Wir können der Zange eine so weite Indication nicht einräumen und sind unsere Resultate damit durchaus nicht so ermuthigend.

Bayer publicirte 5 Fälle, von denen 3 durch Umwandlung in Hinterhauptslage (Baudelocque II.) erledigt wurden. Zwei verliefen darnach spontan, beim dritten musste Ausgangsforceps angelegt werden. Mehrgebärende, zwei Becken normal, das dritte platt, Kinder reif, zwei lebend, eines starb, Mütter gesund. Ausserdem erwähnte er noch zwei nach dieser Methode an der Klinik erledigte Fälle, und zwei, wo durch Abhebelung des Kinns vom Schambeinast, respective Spin. ischii eine normale Drehung des Gesichtes ermöglicht wurde. In keinem dieser Fälle eine Cervixstrictur.

Zustimmen muss ich Bayer, indem er gegen die prophylaktische Wendung bei Stirnlagen, die beweglich über dem Eingang stehen, mit Rücksicht auf die bedeutend schlechtere Prognose für die nach Wendung in Fusslage geborenen Kinder Stellung nimmt. Widersprechen muss ich dagegen darin, dass es keine Gesichtseinstellungen mit über oder im Beckeneingange beweglichen Gesichte gebe, und dass solche keine Chancen für die Rectification abgeben. Nach Bayer sind es eben nur die Stirneinstellungen, welche normalerweise vorkommen, eine Gesichtseinstellung sei eine Abnormität des Deflexionstypus, eine Formulirung, die mir etwas zu theoretisch scheint.

Dass es viele Deflexionsfälle gibt, wo die Deflexion durch ungleiche Entfaltung des unteren Uterinsegmentes entstanden ist und erhalten wird, behaupte auch ich, jedoch glaube ich nicht, dass Stricturen so häufig vorkommen. Jedenfalls möchte ich nicht den Satz, dass für Fälle von Stirneinstellung mit Cervixstrictur die prophylaktische Wendung indicirt sei, unterschreiben. Auch Küstner nimmt diesen Standpunkt ein. Dieselbe dürfte wohl meist eingreifender sein als die Umwandlung, denn, dass sich das untere Uterinsegment, welches ja nur so lange ungleichmässig entfaltet ist, so lange das Gesicht darin steht, nicht dem Schädel accommodirt, ist kaum glaublich. Bayer huldigt eben der Freund'schen Annahme des Rheumatismus uteri als ätiologisches Moment für das Zustandekommen der Gesichtslagen, eine Ansicht, der durchaus nicht Alle beipflichten, und daher die besondere Betonung der Stricturen.

Thorn referirt über 24 Fälle von Gesichtslagen, wobei er 9 Umwandlungen machte. Von diesen war bei 7 nachher rascher spontaner Verlauf zu beobachten, bei 2 Ausgangsforceps. Er übte während der Correctur gleichzeitig einen die Lordose beförderten Druck auf Brust und Steiss. Bei 7 Fällen wurde Baudelocque II., bei 2 Baudelocque I. angewendet; bei letzteren war einmal Baudelocque I. erfolglos vorhergegangen. Dreimal vorzeitiger Blasensprung, sechsmal stehende Blase, 2 platte Becken, Kinder und Mütter gesund.

Thorn verlangt nur eine Passirbarkeit des Orificiums für zwei Finger, erwähnt aber vorher, dass um diese Zeit gewöhnlich die Indication zur Umwandlung noch nicht gegeben sei. »Ein Ueberhaken des Hinterhauptes mit 2 Fingern« für den Fall, als Baudelocque I. nicht gelingen sollte, scheint mir nutzlos und bei einem nur für 2 Finger offenen Orificium wohl auch unmöglich.

Ich muss nach meinen Erfahrungen als Bedingung für die Möglichkeit der Ausführung von Baudelocque II. eine Eröffnung des Orificiums bei Primiparen von 7—8 cm, bei Multiparen von 5—6 cm annehmen.

Jedenfalls ist die Thorn'sche Publication eine der werthvollsten in dieser Frage. Er macht mit Recht, besonders auf die Nothwendigkeit der Combination äusserer und innerer Handgriffe aufmerksam. Er lagert die Patientin aufs Querbett und auf die Kinnseite. Seinen für die Correctur gestellten Indicationen stimme ich bei.

Wullstein vertritt warm die Umwandlung nach Thorn; bei dieser ist die Sterblichkeit der Kinder $10^0/_0$, während spontan $15·79^0/_0$, Forceps $20·0^0/_0$, Wendung $44·0^0/_0$.

Er berichtet über 100 Fälle von Gesichtslagen aus der Berliner Klinik, darunter 6 erfolgreiche, 4 erfolglose Umwandlungen; nach letzteren 2 Wendungen, 2 spontane Gesichtsgeburten. Von den Kindern eines bei einer erfolgreichen Correctur todt geboren. Becken?

Mc. Lean berichtet über einen erfolgreichen Fall (Baudelocque II.), Fruchtwasser längere Zeit abgeflossen. Er drückt ausserdem mit dem Daumen das Gesicht nach oben, ein Vortheil, den ich auch in einigen Fällen anwandte und den ich befürworten kann.

v. Weiss führte bei Gesichtslagen 7 Umwandlungen (Baudelocque I.) aus, davon:

2 Erfolge (Baudelocque I.), normale Becken, 1 Primipara, 1 Multipara, 1 Kind leicht macerirt, 1 Kind lebend, Becken normal, Mütter gesund. 5 Misserfolge (3mal Baudelocque II., 1mal Baudelocque I., 1mal Baudelocque I. + Schatz), 2 Becken normal, 1 Primipara, 1 Multipara, 2 Kinder reif, lebend, 1 spontan, 1 Wendung, Mütter gesund. 3 Becken verengt, 1 Primipara, 2 Multipara, 1 Wendung, Kind todt, reif. 1 Forceps, Kind todt, reif. 1 Wendung, Kind tief asphyktisch, wiederbelebt, frühreif, Mütter gesund.

Bei Stirneinstellungen 5 Umwandlungen (3mal Baudelocque II. 2mal Baudelocque I. + Schatz), davon 3 Erfolge (2mal Baudelocque II., 1mal Baudelocque I.). 1 normales Becken, spontan. Kind reif, lebend, Mutter gesund. 2 verengte Becken, 1 spontan, 1 Forceps, Kinder reif, lebend, Mütter gesund, 1 Primipara, 2 Multipara.

2 Misserfolge (1mal Baudelocque II., 1mal Baudelocque I.), 1 verengtes, 1 normales Becken, 1 spontan, 1 Forceps, Kinder reif, lebend, Mütter gesund, 2 Primipara.

Bei Stirnlagen 3 Umwandlungen. 3 Erfolge (Baudelocque I. + Schatz), 3 Multipara, weites Becken, Kind reif, lebend, Mutter geheilt. 2 leichte Verengungen, Kinder reif, lebend, Mütter gesund.

Im Ganzen also 8 Erfolge, 7 Misserfolge.*)

v. Steinbüchl erwähnt 5 erfolglose Umwandlungsversuche in seiner Statistik der Gesichts- und Stirnlagen der Klinik Chrobak, ohne auf nähere Details einzugehen.

In den deutschen Lehrbüchern und Handbüchern zeigt sich der Einfluss vorstehender Publicationen insoferne, als der ganz ablehnende Standpunkt allmälig zu weichen beginnt.

Olshausen (Schröder's Lehrbuch, 11. Auflage) ist bei Gesichtslagen, wenn Complicationen vorhanden, bei hochstehendem Gesichte für die Umwandlung, bevor Anderes unternommen wird.

Bei Stirnlagen empfiehlt er zuerst Wendung, wenn diese nicht mehr möglich, Versuch der Umwandlung.

Küstner (Handbuch der Geburtshilfe, VIII) behält für Gesichtslagen den conservativen exspectativen Standpunkt bei, empfiehlt dagegen für (Stirneinstellungen) Stirnlagen Thorn's Methode.

Spiegelberg ist besonders für die Schatz'sche Methode eingenommen, gibt aber zu, dass Baudelocque I. bei Gesichts- und Stirneinstellungen möglich und vielleicht von Erfolg ist.

Kehrer ist für Baudelocque I., wenn bei Gesichtslagen Complicationen vorhanden sind.

*) Vide ausserdem die beigefügten Tabellen, welche die Fälle von v. Weiss, soweit sie in den Rahmen dieser Arbeit, also exclusive 1890 gehören, enthält, die übrigen vide v. Weiss' Publication.

Lehrbücher anderer Nationen stehen uns leider nicht zur Verfügung.

Nachstehend lasse ich die Fälle von bei Gesichtslagen ausgeführten Umwandlungen mit Ausschluss der von v. Weiss effectuirten, die ich in einer Tabelle anschliesse, folgen:

Nr. 1. (Nr. 53.) Pr.-Nr. 1188 ex 1883. III. P. 28 Jahre alt, Becken normal, Gesichtslage I. Position. Bei verstrichenem Orificium beweglich im Beckeneingang stehendem Gesichte. Umwandlung in Hinterhauptslage durch Eingehen mit der rechten Hand und durch Herabziehen des Occiputs, nachdem die ganze Nacht das Gesicht eingestellt gewesen war; spontane Geburt in Hinterhauptslage drei Stunden nach der Umwandlung. Kind lebend, Knabe, 3200. Länge 50 cm. Geburtsdauer $22^{1}/_{4}$, $11^{3}/_{4}$. Mutter nach leichter Endometritis gesund entlassen.

Nr. 2. (Nr. 54.) Pr.-Nr. 1250 ex 1883. III. P. 25 Jahre alt. Becken normal, Gesichtslage II. Position. Bei verstrichenem Orificium und stehender Blase wird in rechter Seitenlage durch Eingehen mit der linken Hand das Occiput umgriffen und die Umwandlung ausgeführt.

Nach zehn Minuten erfolgt spontane Geburt in Hinterhauptslage. Kind lebend, Knabe, 3450. Länge 50 cm. Geburtsdauer $9^{1}/_{4}$. Mutter wird nach leichter Endometritis gesund entlassen.

Nr. 3. (Nr. 55.) Pr.-Nr. 1296 ex 1883. I. P. 19 Jahre alt. Becken normal. Gesichtslage I. Position. Bei 5 cm weitem Orificium und stehender Blase in linker Seitenlage Umwandlung durch Herabziehen des Occiputs mit der rechten Hand; gelingt ohne Narkose. Spontane Geburt in Hinterhauptslage nach circa zwei Stunden. Ausgesprochen dolichokephaler Schädel. (Frontooccipitalis 12 cm.) Kind lebend, Knabe, 2950—3000. Länge 47 cm. Geburtsdauer 3?, 2. Mutter nach normalem Puerperium entlassen.

Nr. 4. (Nr. 56.) Pr.-Nr. 2071 ex 1883. I. P. 29 Jahre alt. Einfach glattes Becken. C. v. = 9·0. Gesichtslage I. Position. Gesicht auf dem Beckeneingang stark angepresst. Bei 5 cm weitem Orificium und stehender Blase (Blasensprung während des Actes) in linker Seitenlage durch Umgreifen und Herabziehen des Occiputs mit der rechten Hand Umwandlung, zwei Stunden später spontane Geburt in Hinterhauptslage. Kind lebend, Mädchen, 3350. Länge ?. Geburtsdauer $14^{1}/_{4}$, 2. Mutter erkrankt an Endometritis und wird mit Keratitis auf eine Augenabtheilung transferirt.

Nr. 5. (Nr. 57.) Pr.-Nr. 2350 ex 1883. XII. P. 39 Jahre alt. Plattes Becken. C. v. = 9·0. Gesichtslage I. Position. Bei verstrichenem Orificium und stehender Blase, kräftigen Wehen, ohne Narkose manuelle Umwandlung, durch Herabziehen des Occiputs mit der rechten Hand in linker Seitenlage (90 Secunden Operationsdauer). Nach zwei Stunden spontaner Austritt in Hinterhauptslage. Kind lebend, Knabe. 2800. Länge 48 cm. Geburtsdauer $8^{3}/_{4}$, 2. Mutter nach normalem Puerperium entlassen.

Nr. 6. (Nr. 58.) Pr.-Nr. 12 ex 1884. II. P. 30 Jahre alt. Allgemein verengtes Becken. C. v. = 9·5. Gesichtslage II. Position. Bei verstrichenem Orificium eine Viertel Stunde nach dem Blasensprung bei beweglich im Beckeneingange stehendem Gesichte in rechter Seitenlage durch Herabziehen des Occiput mit der linken Hand, Umwandlung, gelingt leicht in 30 Secunden. Da die Wehen schwach und $^{7}/_{4}$ Stunden später die Geburt nicht vollendet, das Occiput bei jeder Wehe in der Vulva sichtbar ist, wegen Schwächerwerden der kindlichen Herztöne Entwicklung des Schädels durch eine Traction mit dem Forceps. Kind lebend, Mädchen, 2950. Länge 51 cm. Geburtsdauer 14, 2. Mutter gestorben an Peritonitis.

Nr. 7. (Nr. 59.) Pr.-Nr. 347 ex 1884. III. P. 34 Jahre alt. Plattes Becken. C. v. = 9·5. Gesichtslage I. Position. Bei stehender Blase und verstrichenem Orificium in linker Seitenlage, mit der rechten Hand (Baudelocque II.) Umwandlung ohne Narkose (Operationsdauer 28 Secunden). Eine Viertel Stunde später spontane Geburt in Hinterhauptslage. Kind lebend, 3000. Länge 50 cm. Geburtsdauer 11, $^{1}/_{4}$. Mutter nach normalem Puerperium gesund entlassen.

Nr. 8. (Nr. 60.) Pr.-Nr. 1164 ex 1884. II. P. 34 Jahre alt. Becken normal. Gesichtslage II. Position. Bei im Beckeneingang stehenden heraushebbaren Gesichte drei Stunden nach dem Blasensprunge in rechter Seitenlage Herabziehung des Occiput mit der linken Hand in Narkose nach anfänglich misslungenem Versuch (Dr. v. Ferro) gelungen (Dr. Breus). Die Geburt wegen Prolaps der vorderen Vaginalwand verzögert, daher wegen Geburtsverzögerung und Lebensgefahr des Kindes Forceps am zangenrechtsstehenden Schädel. Kind lebend, Knabe, 3700. Länge 51 cm. Geburtsdauer 16, 7. Mutter nach normalem Puerperium gesund entlassen.

Nr. 9. (Nr. 61.) Pr.-Nr. 1354 ex 1884. I. P. 24 Jahre alt. Becken normal. Gesichtslage II. Position. Bei im Eingange beweglich stehendem Gesichte, 5 cm weitem, leicht dilatablem Orificium und stehender Blase mit der linken Hand in rechter Seitenlage Umwandlung (Baudelocque II.). Eine Stunde darauf spontane Geburt in Hinterhauptslage. Episiotomia bilateralis. Kind lebend, Knabe, 3450. Länge 51 cm. Diam. rect. 13, bitemp. 9, biparet. $9^{1}/_{2}$, Obliq. min. 11, Obliq. maj. 13. Geburtsdauer nicht sicher angebbar. Mutter nach normalem Puerperium gesund entlassen.

Nr. 10. (Nr. 62.) Pr.-Nr. 1675 ex 1884. V. P. 27 Jahre alt. Becken normal. Gesichtslage I. Position. Bei 6 cm weitem Orificium in Rückenlage mit der rechten Hand Herabziehung des Occiput

Eine halbe Stunde darauf spontane Geburt in Hinterhauptslage. Kind lebend, Knabe, 2950. Länge 50 cm. Geburtsdauer $12^{3}/_{4}$, $^{1}/_{2}$. Mutter nach normalem Puerperium gesund entlassen.

Nr. 11. (Nr. 69.) Pr.-Nr. 672 ex 1885. II. P. 20 Jahre alt. Becken normal. Gesichtslage I. Position. Zuerst wurde Baudelocque I. +- Schatz versucht, was misslang, wahrscheinlich wegen ungeschickter Assistenz, dabei fliesst das Fruchtwasser ab, so dass ein daran geschlossener Versuch Baudelocque II. +- Schatz auch misslingt. Auch war das Gesicht einstweilen tiefer ins Becken getreten und wurde das Hinterhaupt enge vom unteren Uterinsegment umschlossen, so dass trotz genügender Assistenz die Flexion nicht ausführbar war. Später tritt das Gesicht mit etwas tiefer stehender Stirne quer bis in die Vulva und machte in dieser erst seine Rotation durch. Kind lebend, Mädchen, 2500. Länge 45 cm. Geburtsdauer 17, $^{1}/_{2}$. Mutter nach normalem Puerperium gesund entlassen. (Misslungen.)

Nr. 12. (Nr. 70.) Pr.-Nr. 686 ex 1885. IV. P. 34 Jahre alt. Becken normal. Gesichtslage II. Position. Bei gut erweitertem Orificium, $5^{1}/_{2}$ Stunden nach erfolgtem Blasensprung, bei beweglich im Eingange stehendem Gesichte in rechter Seitenlage und Narkose Umwandlung (Baudelocque II. + Schatz), gelingt leicht. $1^{1}/_{2}$ Stunde darauf spontane Geburt in Hinterhauptslage. Kind vollkommen lebensfrisch, Knabe, 3150. Länge 50 cm. Geburtsdauer 18, 7. Mutter nach normalem Puerperium gesund entlassen. Kind starb noch am Tage der Geburt laut Section an Atelectasis pulmonum.

Nr. 13. (Nr. 71.) Pr.-Nr. 765 ex 1885. I. P. 22 Jahre alt. Rachitisches, plattes Becken, 26, 25, 30, 19. C. v. = 9·0. Gesichtslage I. Position. Gleich nach dem Blasensprung bei im Eingang beweglich stehendem Gesicht Versuch der Umwandlung (Baudelocque I.), misslingt. Ebenso ein zweiter Versuch (Baudelocque II.) zwei Stunden darauf, allerdings bei schon tief im Eingang stehendem, aber noch etwas heraushebbarem Gesichte. Spontane Geburt in Gesichtslage. Kind lebend, Knabe, 2700. Länge 48 cm. Geburtsdauer $40^{1}/_{2}$, 2. Mutter nach fieberlosem Puerperium (Ulcus puerperale) gesund entlassen. (Misslungen.)

Nr. 14. (Nr. 76.) Pr.-Nr. 2050 ex 1885. I. P. 21 Jahre alt. Becken normal. Gesichtslage I. Position. Nach dem bei fast verstrichenem Orificium erfolgten Blasensprunge gelingt in Narkose, linker Seitenlage, mit der rechten Hand Umwandlung (Baudelocque II.) leicht. Episiotomia unilat. Austritt in Hinterhauptslage. Kind lebend, Knabe, 3500. Länge 52 cm. Geburtsdauer $14^{1}/_{2}$, $1^{1}/_{4}$. Mutter nach normalem Puerperium gesund entlassen.

Nr. 15. (Nr. 78.) Pr.-Nr. 2683 ex 1885. I. P. 22 Jahre alt. Becken normal. Gesichtslage I. Position. Bei stehender Blase am in der Beckenmitte stehenden Gesichte vergeblicher Umwandlungsversuch, da Gesicht nicht mehr aus dem Becken heraushebbar (Baudelocque II. + Schatz). Spontaner Austritt in Gesichtslage. Kind lebend, Mädchen, 3000. Länge 50 cm. Geburtsdauer 14³/₄, 3³/₄. Mutter nach normalem Puerperium gesund entlassen. (Misslungen.)

Nr. 16. (Nr. 89.) Pr.-Nr. 1913 ex 1886. I. P. 29 Jahre alt. Becken normal. Gesichtslage I. Position. Unmittelbar nach dem Blasensprunge bei im Eingange beweglichem Gesichte (Stirne ausgesprochen tiefer eingestellt) manuelle Umwandlung in linker Seitenlage. Narkose, (Baudelocque II.) gelingt leicht. 1½ Stunden darauf spontaner Austritt in Hinterhauptslage. Kind lebend, Mädchen, 2850. Länge 49 cm. Geburtsdauer 20½, 1½. Mutter nach normalem Puerperium gesund entlassen.

Nr. 17. (Nr. 92.) Pr.-Nr. 399 ex 1887. X. P. 40 Jahre alt. Becken normal. Gesichtslage I. Position. Vorzeitiger Blasensprung bei engem Orificium. Bei 8 cm weitem Orificium und tief im Eingang stehendem, aber heraushebbarem Gesichte in tiefer Narkose, linker Seitenlage, Umwandlung (Baudelocque II. + Schatz), gelingt nach einigen vergeblichen Bemühungen.

In diesem Falle liess sich das nicht sehr stark vorragende Occiput des in seinen Querdurchmessern grossen und harten Schädels wegen fortwährender Bewegungen um seine Längsachse, trotz Fixation mittelst Daumen und kleinen Fingers im bitemporalen Durchmesser recht schwer herabziehen.

Austritt spontan in Hinterhauptslage. Kind lebend, Knabe, 4200. Länge 54 cm. Geburtsdauer 24, 25¼. Mutter nach normalem Puerperium gesund entlassen.

Nr. 18. (Nr. 94.) Pr.-Nr. 818 ex 1887. III. P. 36 Jahre alt. Becken normal. Gesichtslage I. Position. Eine Stunde nach erfolgtem Blasensprunge am quer im Eingange noch heraushebbaren Gesichte Versuch der Umwandlung (Baudelocque II. + Schatz). Da Narkose in diesem Falle (etwas Arhythmie am Herzen, Fettdegeneration?) unmöglich und auch die Assistenz nicht ganz exact, misslingen die Versuche und wird der Fall dem spontanen Austritt, der auch bald darauf erfolgte, überlassen. Kind lebend, Mädchen, 3250. Länge 49 cm. Geburtsdauer 31½, 2. Mutter nach leichter Parametritis sinistra gesund entlassen. (Misslungen.)

Nr. 19. (Nr. 99.) Pr.-Nr. 2238 ex 1887. I. P. 26 Jahre alt. Becken normal. Gesichtslage I. Position. Vorzeitiger Blasensprung bei für zwei Finger passirbarem Orificium. Gesicht im Eingange beweglich bleibend. Nachdem auch bei einem Orificium von 6 cm ein Tiefertreten desselben noch nicht nachweisbar ist und das Kinn etwas nach rückwärts eingestellt ist, Umwandlung nach Baudelocque II. + Schatz in Narkose und linker Seitenlage gelingt, trotz vollkommenem Fruchtwasserabfluss ziemlich leicht, nur beim »todten

Punkt« ein kleiner Aufenthalt. Eine Stunde später spontaner Austritt in Hinterhauptslage. Kind lebend, Knabe, 3500. Länge 53 cm. Mutter nach normalem Puerperium entlassen. Geburtsdauer 10, 8.

Nr. 20. (Nr. 102.) Pr.-Nr. 2391 ex 1887. I. P. 24 Jahre alt. Plattes Becken. C. v. = 9·0. Gesichtslage I. Position. Bei stehender Blase und im Eingange beweglich stehendem Gesichte Versuch der Umwandlung, misslingt wegen zu grosser Breite des Schädels und sehr geringem Vorragen des Occiput; es wird daher sofort die Wendung auf den rechten Fuss angeschlossen. Extraction, Episiotomie. Kind lebend, Mädchen, 3900. Länge 54 cm. Geburtsdauer 12, $3/_4$. Mutter nach leichter Endometritis gesund entlassen. (Misslungen.)

Nr. 21. (Nr. 107.) Pr.-Nr. 709 ex 1888. II. P. 23 Jahre alt. Becken normal. Gesichtslage I. Position. Eine Stunde nach dem Blasensprung bei verstrichenem Orificium und ganz beweglich im Eingang stehendem Gesichte in Narkose und linker Seitenlage Umwandlung (Baudelocque II. + Schatz), gelingt ohne jede Anstrengung. Da das Orificium ganz erweitert und nicht die Spur von Spannung im unteren Uterinsegment vorhanden war, ist es ausserordentlich unwahrscheinlich, dass bei dem Eingriff links im Cervix oder unteren Uterinsegmente auch nur kleine Läsionen entstanden sind. Eine Viertel Stunde nach der Umwandlung spontaner rascher Austritt in Hinterhauptslage. Kind lebend, Mädchen, 3150. Länge 50 cm. Geburtsdauer 2, $1^1/_4$. Mutter gestorben: Peritonitis ex Metrolymphangioitide et Metrophlebitide sinistra. (Vide die Besprechung der Fälle.)

Nr. 22. (Nr. 111.) Pr.-Nr. 1832 ex 1888. II. P. 23 Jahre alt. Plattes Becken, 25·5, 29, 31, 18·5, 89. C. v. = $10^1/_4$. Gesichtslage II. Position. Bei verstrichenem Orificium und stehender Blase in Narkose und rechter Seitenlage gelingt die Umwandlung nach einigen Bemühungen (Baudelocque II. + Schatz), spontane Geburt in Hinterhauptslage eine Stunde darauf. Kind lebend, Mädchen, 3400. Länge 52 cm. Geburtsdauer 9, 1. Mutter nach normalem Puerperium gesund entlassen.

Nr. 23. (Nr. 112.) Pr.-Nr. 1895 ex 1888. I. P. 20 Jahre alt. Allgemein verengtes Becken, 24, 27, 31, 17, 79, 149. C. v. = 9·0. Gesichtslage I. Position. Versuch der Umwandlung in Hinterhauptslage in Narkose bei im Eingange beweglich stehendem Gesichte und stehender Blase misslingt wegen der Breite des Schädels, der sich auch in diesem Falle fortwährend um seine Längsachse zu drehen strebt und wegen ungenügender Assistenz (Baudelocque II. + Schatz). Gesicht tritt tiefer (Stirne lange tiefer stehend). Links bedeutende Cervixdehnung. Kind in Lebensgefahr. Bei fast abgestorbener Frucht sieben Stunden nach dem Umwandlungsversuch Craniotomie. Kind: Knabe, 3600. (S. cerebr.) Länge 53 cm. Geburtsdauer 38, 7. Mutter nach normalem Puerperium gesund entlassen. (Misslungen.)

Nr. 24. (Nr. 118.) Pr.-Nr. 1856 ex 1889. II. P. 26 Jahre alt. Allgemein etwas engeres, hauptsächlich plattes Becken, 24, 26, 28, 18, 80, 8·5 C. v. Gesichtslage I. Position. Bei fast verstrichenem Orificium und stehender Blase Versuch der Umwandlung in Hinterhauptslage. Dabei wegen Vitium cordis Narkose unmöglich, auch zeigt sich, dass der Schädel sehr breit ist (D. bipariet. 10·5), daher Wendung und sofortige etwas schwierige Extraction. Kind lebend, Mädchen, 3500. Länge 50 cm. Geburtsdauer $4^1/_2$, $^1/_2$. Mutter nach normalem Puerperium gesund entlassen. (Misslungen.)

Dazu kommen noch zwei Fälle aus dem Jahre 1890.

Nr. 25. Pr.-Nr. 153 ex 1890. II. P. 28 Jahre alt. Plattes Becken, C. v. = 8·5—9·0. Bei 8 cm weitem Orificium und stehender Blase, Gesicht über dem Eingange beweglich, Umwandlung (Baudelocque II. + Schatz), gelingt leicht in Narkose. Zwei Stunden darauf spontaner Austritt in Hinterhauptslage. Kind lebend, Mädchen, 3700. Länge 52 cm. Geburtsdauer 20, 2. Mutter nach normalem Puerperium gesund entlassen.

Nr. 26. Pr.-Nr. 988 ex 1890. I. P. 22 Jahre alt. Becken fast normal, 24, 27, 30, 85, 20. Hochgradiges Hydramnios. Uterus vollkommen kugelig. Bei 8 cm weitem Orificium und stehender Blase bei über dem Eingange ballotirendem Gesichte Umwandlung, gelingt leicht. Das Hinterhaupt stürzt förmlich zugleich mit dem Fruchtwasser nach abwärts. Daraufhin Wehenschwäche und 18 Stunden nach der Umwandlung Austritt in Hinterhauptslage (doppelte Schnurumschnürung des Halses, Episiotomia unilat., manuelle Lösung eines Chorionrestes). Kind lebend, Mädchen, 3200. Länge 51 cm. Geburtsdauer $43^1/_2$, $18^1/_2$. Mutter nach normalem Puerperium gesund entlassen.

Nr. 27. Im Anschluss sei es mir gestattet, einen Fall aus meiner Praxis anzuführen. Von der Hebamme Presicek zu einer 24jährigen Erstgebärenden gerufen, fand ich hochgradigen Hydramnios, Uterus kugelig, vielleicht 3—4 l Fruchtwasser enthaltend. Frucht in Gesichtslage I. Position. Gesicht über dem Eingange des etwas platten Beckens (C. v. = circa 9·5) ballotirend. Da der Fall einen recht langsamen Verlauf versprach (das Orificium war trotz 24stündiger Wehenthätigkeit circa 6 cm weit, gut dilatabel) und ich bei der Gebärenden nicht sitzen bleiben konnte, entschloss ich mich, einen Kindestheil im Beckeneingang zu fixiren, im Vorhinein noch nicht ganz decidirt, ob Gesicht, Hinterhaupt oder Beckenende. In Rückenlage ohne Narkose mit der rechten Hand eingehend, drang ich bei stehender Blase bis über das Hinterhaupt vor und sprengte im Momente des Umfassens desselben die Blase. Gleichzeitig neigte ich die Gebärende nach der linken Seite und es gelang sehr leicht, das Occiput hereinzuziehen. Ich hielt dasselbe fest, da ich einen Theil des Fruchtwassers abfliessen lassen wollte und dasselbe fixirte sich unter einigen Wehen gut tief im Beckeneingange. Meine Hoffnung, dass der Fall weiter spontan verlaufen werde, wurde durch die von allem Anfange schon vorhandene und durch die Verkleinerung des Uterus nicht gebesserte Wehenschwäche zu nichte, indem ich nach fünf Stunden (von 11 Uhr Abends bis 4 Uhr Morgens) abermals zu der Gebärenden gerufen wurde und am sichtbaren Occiput wegen Lebensgefahr der Frucht Forceps anlegen musste und den Schädel mit einer Fraction extrahirte (Episiotomia unilateralis). Derselbe zeigte ausgesprochene Dolichokephalie. Am lebensfrischen, gut reifen Kinde gleich nach Austritt deutliche Struma zu constatiren. Leider konnte ich dasselbe später nicht mehr controliren, da dasselbe gleich am zweiten Tag aufs Land in die Kost kam. Mutter machte ein normales Puerperium durch.

B. Stirnlagen (Stirneinstellungen).

Der Umstand, dass bei diesen der mentooccipitale Durchmesser das Becken passiren muss, verursacht, dass schon bei normalem Becken eine normal entwickelte Frucht Hindernisse findet, die wohl mitunter durch kräftige Wehenthätigkeit, insbesondere bei Mehrgebärenden überwunden werden, jedoch in der Mehrzahl der Fälle einen Stillstand der Geburt und die Nothwendigkeit einer Kunsthilfe bedingen. Es sind daher Stirnlagen wahre Dystokien. Ich habe schon eingangs erwähnt, dass ich die langdauernden Stirneinstellungen, die aus Gesichtslage durch Tiefertreten der Stirne (vielleicht Festgehaktsein des Kinns an der Linea innominata) entstanden sind, mit unter die Stirnlagen rechne.

Von den über Stirnlagen erschienenen Publicationen erwähne ich die von Späth, v. Helly, Heinricius, v. Hecker, Langerhans, Ahlfeld, v. Weiss, v. Steinbüchl.

Späth referirt über 7 Fälle, darunter nur 3 lebende Kinder, 4 todt, eine Mutter infectiös gestorben.

Helly berichtet über 8 eigene Fälle, darunter nur 5 Kinder lebend, 3 todt, 6 spontane Geburten, 1 Forceps, 1 Craniotomie.

Beide stehen auf vollkommen conservativ-exspectativem Standpunkte. v. Helly sagte, »dass man die in früherer Zeit gebräuchlichen rohen und nutzlosen Manövers mit Hand und Hebel verlassen hat, ist nur als ein Fortschritt zu begrüssen«.

Heinricius hat die grösste Zusammenstellung geliefert. 221 Fälle. Daraus ist ersichtlich, dass die Kindermortalität bei den Umwandlungen in Gesichts- und Schädellagen (21%) ziemlich gleich ist jener bei den in Stirnlagen spontan erledigten Fällen (23%, respective 21%).

Die Umwandlungsfälle (Stirnlage in Gesichtslage) sind die von Hildebrandt, Massmann, 3 Fälle von Ahlfeld, 1 Fall der Maternité d'Helsinfors, 1 Fall von Mangiagalli, 3 Fälle von Chiarleoni und 5 Fälle von Stirnlage in Schädellage, 1 Fall Hatin, 1 Fall Valenta, 1 Fall Smyth, 2 Fälle Long.

Langerhans referirt über 5 Fälle von Stirnlagen; davon ein knapp reifes Kind bei normalem Becken spontan, ein tief asphyktisches, wiederbelebtes Kind durch Forceps bei plattem Becken, eine Kephalotripsie, eine Uterusruptur und Craniotomie bei allgemein verengtem Becken und ein Fall von Umwandlung der Stirnlage mit Forceps in Gesichtslage durch starkes Senken der Forcepsgriffe. Auf Grund dieses letzteren Falles, und weil drei Versuche der manuellen Umwandlung in Gesichtslage nur vorübergehenden Erfolg hatten, empfiehlt er die Correctur mit der Zange.

Credé spricht sich dagegen aus, indem er betont, dass die allzuveränderte Kopfform sich nicht so bald accommodirt und erklärt, dass es in den allerwenigsten Fällen möglich sei, Stirnlagen in Gesichtslagen dauernd umzuwandeln, eine Ansicht, welcher ich beipflichte.

Ahlfeld hat 30 Stirnlagen mit einem sehr günstigen Procentsatz, was die Kindermortalität betrifft, zusammengestellt, wobei zu bedenken ist, dass die Hälfte der Kinder frühreif waren und 19 Becken davon als normal zu bezeichnen sind.

Hecker: 18 Fälle, 5 Kinder todt, 6 asphyktisch wiederbelebt und 7 lebend (28% Mortalität).

Spiegelberg: von 18 Kindern 8 todt (44% Mortalität).

v. Steinbüchl: 52 Fälle der Klinik Chrobak (32·69% Mortalität).

v. Weiss: 16 Stirnlagen, 7 todte Kinder.

Was die Frequenz der Stirnlagen anbelangt, berechnet

Hecker . 0·103%
Grenser . 0·22%
Späth 1:2060
Hildebrandt 1:3409

Da ich Stirnlagen und Stirneinstellungen zusammenfasse, während andere sie trennen, will ich auf eine percentische Angabe in Bezug auf unsere Fälle verzichten. Unter unseren 25 Fällen waren 8 Erstgebärende, 17 Mehrgebärende (1 VI.-Gebärende, 1 VII.-Gebärende, 1 XV.-Gebärende).

16 I. Positionen, 9 II. Positionen.

21 Früchte hatten das Gewicht von über 3000, 11 darunter sogar 3500—4500. 4 erreichten 3000, nicht darunter die kleinste mit 2000. 13 Knaben, 12 Mädchen. 13 wurden lebend geboren, 11 todt geboren, 1 tief asphyktisch, nicht wiederbelebt, also Summe 12 = 44%.

Von den Müttern wurden 18 gesund entlassen, 7 Mütter erkrankten, davon 6 an Endometritis levis, 1 an Influenza, Bronchitis. Alle Erkrankungen wurden geheilt entlassen, gestorben keine.

Von den Becken waren 12 normale, 13 verengte.

Aus folgender Tabelle der verengten Becken ist ersichtlich:

  1 spontaner Fall . . . Kind lebend,
  1 Forceps . . . Kind todt,
  3 Umwandlungen . $\begin{cases} 1 \text{ Kind todt,} \\ 2 \text{ Kinder lebend.} \end{cases}$

1 + 1 Umwandlung gelungen 1 + 1 Kind lebend,
1 Umwandlung gelungen (Forceps) 1 Kind todt,
  8 Craniotomien (66·6%),

es ergibt sich daraus das erschreckend hohe Kindermortalitätspercent von 75%.

Ausserdem kommen bei normalem Becken vor:

7 Forcipes	5 Kinder lebend, 2 todt,
1 Wendung . . .	1 Kind todt,
3 spontan	3 Kinder lebend,
2 Umwandlungen gelungen .	2 Kinder lebend.

Vergleichsweise die Fälle vor 1883, und zwar:

$\left.\begin{array}{l}\text{5 Forcipes} \\ \text{1 Wendung}\end{array}\right\}$ 6 normale Becken,

1 Craniotomie, plattes Becken 8·5,
4 Kinder todt 57·13%, 3 Kinder lebend.

Bei zwei frühreifen Früchten war einmal Schnur-, Arm- und Fussvorfall, einmal waren beide Füsse, Arm und Schnur vorgefallen.

Geburten-Zahl	Becken	C. v.	Verlauf	Gewicht	Kind	Mutter
1	allgemein verengt	8·5	Forcepsversuch, Beckenmitte, Craniotomie	2900 S. cerebr.	todt	geheilt
2	allgemein verengt	9·5	Umwandlung gelungen, Breus' Forceps	3400	todt	geheilt
3	etwas verengt	?	Forceps, Craniotomie	3700	todt	gesund
1	allgemein verengt	9—9·5	Forceps, Craniotomie	3000	todt	gesund
2	allgemein verengt	?	Forceps, Craniotomie	3800	todt	gesund
5	platt	8·5	Craniotomie a. d. todten Frucht	4500	todt	gesund
15	etwas platt	—	Forceps, Craniotomie	3900	todt	gesund
2	platt-rachitisch	8·0	Craniotomie a. d. todten Frucht	3200 S. cer. u. Schädeldach	todt	geheilt
5	platt-rachitisch	9·2—3	Umwandlung gelungen (Baudelocque II.)	2900	lebend	gesund
4	platt	9·5	Wendung, Extraction	3100	lebend	gesund
2	platt	8·3	spontan	3000	lebend	gesund
2	platt	9·3—5	Wendung, Craniotomie a. d. K.	3600 S. cer.	todt	geheilt
8	allgemein verengt	8·5	Umwandlung gelungen	3200	lebend	gesund ex 1890

Als besondere Fälle hätte ich zu erwähnen:

Nr. 25. Schädel tritt in Stirnlage bei heftiger Wehenthätigkeit quer stehend auf den Beckenboden. Das Gesicht tritt quer in die Schamspalte, wobei der Oberkiefer sich am rechten

Schenkel des Arcus pubis anstemmt, das Hinterhaupt dadurch unter dem linken Tuber ischii und zum Schluss Mund und Kinn sichtbar werden. Becken normal, Kind lebend, 3500. Dabei bestand ein alter Dammriss dritten Grades. Das Septum rectovaginale scharfkantig und schon von früher her nicht mehr vollständig, erlitt dabei einen kleinen Einriss, deshalb entschloss ich mich, unmittelbar an die Geburt eine Lawson-Tait'sche Dammplastik anzuschliessen, Mutter gesund mit breitem Damm nach prima intentio entlassen.

Dieser Fall, sowie ein zweiter ähnlich operirter, wurden bereits im Sitzungsberichte der geb.-gyn. Gesellschaft zu Wien, 1890, I, publicirt.*)

Wegen des ausserordentlich seltenen Vorkommnisses verdient Fall Nr. 19 besonderer Erwähnung:**)

31jährige Zweitgebärende mit plattem Becken, C. v. = $8^1/_4$, Schädellage II. Position, gebärend $^1/_4$ Stunde nach dem Blasensprunge überbracht. Schädel über dem Eingange ballotirend, grosse Fontanelle tiefer stehend, Sagittalnaht quer. Herztöne etwas links von der Mittellinie am deutlichsten hörbar. Zwei Stunden später Stirne tiefer getreten, Vorderscheitel zurückgeblieben, bald darauf Gesicht bis zur Mundspalte und bis zum Kinn abzutasten. Eine halbe Stunde später bleibt das Kinn zurück und bildet sich eine vollkommene Stirnlage heraus. Die Stirn tritt tiefer auf den Beckenboden mit nach rückwärts gedrehtem Gesichte (Kinn an der Spina ischii fixirt). Der linke Stirnhöcker nach vorne, tritt zuerst durch die Vulva. Gesicht und Kinn werden nach rückwärts über den Damm geboren, indem mittelst Ritgen'schen Handgriff am linken Unterkieferast etwas nachgeholfen wird. Kopf zeigt typische Stirnlagenform, die Abdachung des Scheitels nach rückwärts in der Gegend der grossen Fontanelle etwas stark muldenförmig eingesattelt (Symphyse), Fig 3. Eine Beobachtung, die auch Leopold und Rasch notirt haben. Kind lebend, 3000, Mutter gesund entlassen.

---

*) Dieselben wurden auch späterhin von v. Weiss publicistisch verwerthet.

**) Dieser Fall wurde von mir in der geb.-gyn. Gesellschaft referirt. Sitzungsberichte, 1888, IV.

Gleiche solche Fälle sind von Leopold, Rasch, Hecker, Karl v. Braun, v. Steinbüchl Nr. 36 (Kind 2300) publicirt worden. In dem Fall von Rasch Frucht nur 2275 g.

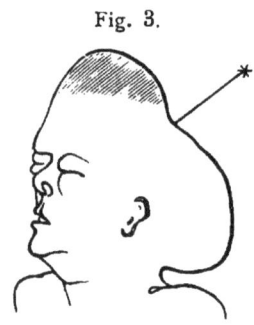

Fig. 3.

Erwähnenswerth erscheint auch Fall Nr. 2, woselbst wegen Lebensgefahr der Frucht eine manuelle Stellungsverbesserung gemacht und das nach hinten gerichtete Kinn nach vorne gedreht wurde, so dass Forceps applicirt werden konnte.

Einen fast queren Durchtritt der Stirne durch die Vulva konnten wir bei Fall Nr. 13 beobachten.

Das Hängenbleiben des Kinns ist gewiss eine recht häufige Ursache, warum sich aus Stirneinstellungen des Gesichtes schliesslich Stirnlagen herausbilden, wir konnten dies speciell in den Fällen Nr. 13, Nr. 19, Nr. 23 finden. — Eine langdauernde Stirneinstellung wurde durch Seitenlagerung schliesslich doch spontan in Gesichtslage umgewandelt (vide Gesichtslage Nr. 105 ex 1888).

Derlei Umwandlungen von Stirnlage in Gesichtslage einerseits und in Vorderhauptlage andererseits sind ziemlich zahlreich in der Literatur:

v. Steinbüchl (Stirnlagen) Nr. 26, 29, 39, 40. Gesichtslagen Nr. 43.

v. Weiss Nr. 89.

Ahlfeld die Fälle 4, 5, 7, 8, 9, 10, 19, 21, 28, 29, allerdings darunter viele, die andere Autoren vielleicht von vorneherein als Gesichtslagen mit physiologisch tiefer stehender Stirne betrachtet haben würden.

Interessant war auch der Verlauf bei dem Fall 21, welcher von G. Braun in den Sitzungsberichten der Wiener gyn. Gesellschaft, 1888, V, S. 78, beschrieben wurde, woselbst allerdings nur durch eine Hebammenschülerin zuerst der Schädel im Beckeneingange constatirt wurde und spontaner Austritt in Stirnlage erfolgte. Der Mechanismus war insoferne abweichend, als das Kinn zuletzt aus der Vulva hervortrat, während das Hinterhaupt schon über das Perineum hervorgerollt war. Kind 3200, 50.

Becken sehr geräumig, ein Umstand, den auch G. Braun als in ätiologischer Hinsicht auffallend bezeichnet.

Was die manuelle Correctur der Stirnlagen anbelangt, so finden wir diesbezüglich grössere Einigkeit unter den Autoren, wie bei den Gesichtslagen. Nur sind die Urtheile darüber verschieden, ob dieselbe prophylaktisch bei noch über oder in dem Eingang beweglich stehender, bei bereits im Becken fixirter Stirne indicirt ist.

Ueber Umwandlungen bei Stirnlagen einestheils in Gesichts-, anderntheils in Schädellagen berichten, wie schon erwähnt, Heinricius. — 10 Umwandlungen in Gesichts-, 5 Umwandlungen in Schädellage.

Hildebrandt berichtet über einen gelungenen Fall von Correctur von Stirn- in Gesichtslage durch Druck mit zwei Fingern auf die Stirne; er verwirft ein Eingehen mit der ganzen Hand zur Umwandlung, indem daraus Reizung des unteren Uterinsegmentes, unregelmässige Wehen, eventuell Ruptur entstehen könne. In seinem Fall war die Stirne schon tief im Becken fixirt. Gegen Scanzoni, welcher in seinem Lehrbuch S. 657 jedwede manuellen Correcturversuche »als roh, unnütz und in schwierigen Fällen als nicht durchführbar« bezeichnet, vertheidigt er das Redressement der Stirne bei schon fixirter Stirnlage.

Einen analogen Fall publicirt Fassbender.

Breisky gelang es in einem Fall durch bimanuelle Handgriffe die Umwandlung in Schädellage zu bewerkstelligen.

Beumer und Peiper versuchten erfolglos die Hereinziehung des Hinterhauptes in zwei Fällen.

Reynold extrahirte mit Forceps eine aus Stirnlage umgewandelte Gesichtslage.

Solowieff gelang die Correctur in Gesichtslage durch innere Handgriffe in zwei Fällen.

Chlopatt extrahirte mit Forceps eine durch combinirte Handgriffe aus Stirnlage in Schädellage umgewandelte lebende Frucht.

Gehrke verzeichnet unter 63 Stirnlagen der Berliner Klinik 7 erfolglose, 4 erfolgreiche Umwandlungen in Schädellage.

v. Weiss berichtet über 3 erfolgreiche, 2 erfolglose Umwandlungen bei Stirneinstellungen, 3 erfolgreiche Umwandlungen bei fixirter Stirnlage (vide beigefügte Tabelle).

v. Steinbüchl unter 52 Stirnlagen der Klinik Chrobak 2 Fälle von Correctur durch combinirte Handgriffe (Thorn) Nr. 51 und 52 erfolgreich.

Unter den Fällen von Ahlfeld finden wir 3 Umwandlungen in Gesichtslage (Nr. 15, 16, 17) und eine Herabholung des Hinterhauptes (Nr. 11).

In den Lehrbüchern pflichtet Küstner, ein absoluter Gegner der Correctur bei Gesichtslagen, den Thorn'schen Ansichten der bedingungsweise erlaubten Umwandlungen der Stirnlagen zu.

v. Winckel empfiehlt bei mässiger Beckenverengerung, wenn äussere Handgriffe misslungen, das Herabholen des Hinterhauptes.

Spiegelberg spricht sich sehr reservirt aus, erklärt eine manuelle Umwandlung der beweglich stehenden Stirne für unmöglich, gibt aber die Berechtigung des Versuches bei im Eingang fixirter Stirne zu.

Ich lasse nun die von mir erledigten Fälle folgen. Bezüglich der von v. Weiss erledigten verweise ich auf die angeschlossene Tabelle.

Nr. 1, Pr.-Nr. 2, 736 ex 1885.

Zweitgebärende, 29 Jahre alt, allgemein verengtes plattes Becken. 22, 26, 29·5, 17·5, 83, C. v. = 9·5. Stirnlage erste Stellung bei stehender Blase und im Eingang beweglich stehender Stirne, gelingt die Herabholung des Hinterhauptes leicht (Narkose linke Seitenlage), ohne äussere Handgriffe.

Dasselbe wird während einer Wehe festgehalten und bleibt fixirt im Eingang stehen. Wegen Fieber der Mutter (38·1) bei schräg im Eingang stehendem Schädel Anlegung des Achsenzugforceps (Breus), Knabe, 3400, 52 lang, tief asphyktisch, nicht wiederbelebt, zeigte eine löffelförmige Impression des linken über das Promontorium gezogenen Stirnbeines mit Infraction. Die Extraction war schwierig und wurde mit der gewohnten Vorsicht durchgeführt. Mutter nach leichter Endometritis geheilt entlassen.

Die Geburt dauerte im Ganzen 32, von der Umwandlung bis zum Austritt 19 Stunden.

Nr. 2, Pr.-Nr. 350 ex 1887.

Zweitgebärende, 28 Jahre alt, Becken normal. Stirnlage erste Stellung. Bei hochgradigem Hydramnios (mehrere Liter) erhält sich die Blase auch nach Verstreichen des Orificiums, daher künstlicher Blasensprung, worauf der früher undeutlich gewesene Untersuchungsbefund die Einstellung der Stirne ergibt, daher Einleitung des Hinterhauptes mit der ganzen Hand (Narkose, Seitenlage). $^1/_4$ Stunde darauf spontaner Austritt in Hinterhauptslage. Mädchen, 3900, 52 lang, lebend. Mutter nach leichter Endometritis geheilt entlassen. Geburtsdauer $4^1/_4$ Stunden.

Diesen beiden Fällen schliesse ich einen dritten an, welcher, in das Jahr 1890 fallend, allerdings nicht mehr strenge genommen hieher gehört.

Pr.-Nr. 928 ex 1890.

Achtgebärende, 39 Jahre alt, allgemein verengtes plattes Becken. 23, 27, 30, 83, 18, 10, 8·5. Stirnlage erster Stellung. Stirne bleibt im Eingang constant tiefer stehen, daher bei ziemlich erweitertem Orificium in Narkose und linker Seitenlage leicht gelingende Umwandlung in Hinterhauptslage. Spontaner Austritt in letzterer, Mädchen, 3200, 50 cm, lebend. Mutter nach normalem Puerperium entlassen. Kind mit Ophthalmoblennorrhoe erkrankt.

Wenn wir unsere Resultate bei den Umwandlungen im Vergleich zu denen bei den übrigen operativen Verfahren genauer betrachten, so ersehen wir aus den nachstehenden Tabellen, dass bei den 17 gelungenen Umwandlungen kein Kind zu Grunde ging. Die zwei Todesfälle bei den Müttern sind Infectionen, die der Methode jedenfalls nicht zuzuschreiben sind, daher für die Frage der Berechtigung und Nothwendigkeit der Correctur belanglos erscheinen, uns eben zu der Vorsicht mahnen, solche Fälle aus didaktischen Gründen nicht zu oft und von Verschiedenen untersuchen zu lassen. Uebrigens stammen, wie schon erwähnt, diese beiden Fälle aus Zeiten, wo auf der Klinik noch

Infectionen vorkamen. Der erste derselben, aus einer Periode stammend, wo die Fürbringer'sche Händedesinfection noch nicht bekannt, war durch Beckenenge strenge indicirt und leider durch einen nachträglichen Forceps complicirt. Verletzungen sind sicher bei letzterem, der denkbarst leicht war, nicht vorgekommen, ebensowenig wie bei der Umwandlung. Beim zweiten Fall, der nur exercitii causa unternommen wurde und bei welchem von einer Spannung oder Dehnung des unteren Uterinsegments (ich habe denselben selbst erledigt) keine Rede sein kann, sind Verletzungen sicher ausgeschlossen.

Meiner Ansicht nach müssen bei der Beurtheilung verschiedener Operationsmethoden die Resultate hauptsächlich quoad vitam infantis in Rücksicht gezogen werden; was die Mutter anbelangt, so können die verschiedenen Methoden nur in Bezug auf dadurch entstehende Verletzungen in Frage kommen und muss die septische Infection, weil in allen Fällen auch in spontan verlaufenden, möglich und vorkommend hors concours bleiben.

Bei den übrigen Operationsverfahren haben wir drei Todesfälle verzeichnet, von denen zwei auf Verletzungen, einer auf Infection zurückzuführen sind; sämmtliche unter der Rubrik Wendungen.

Wenn wir die Resultate bezüglich der Kinder vergleichen, so finden wir:

Bei 12 Forcipes (abgesehen von den Forcepsversuchen, welchen Craniotomie folgte) drei todte Kinder (25%) und eines bald nach der Operation gestorben, davon zwei bei normalem, zwei bei verengtem Becken. Bei zweien Stellungsverbesserungen beide Kinder todt. Ein Kind zeigt mehrfache Schädelknochenbrüche, beide Kinder allerdings 3850 schwer. In einem Falle C. v. $= 8\cdot5$.

Dieses Resultat spricht wahrlich nicht zu Gunsten des Forceps in der Beckenmitte. Jene zwei Fälle welche von v. Weiss (Nr. 32 und 8) zu Gunsten der Stellungsverbesserung mit der Zange anführt, betreffen Kinder von 2800 und 2950 g. Wenn auch die Verhältnisse bei Stellungsverbesserungen mit den Forceps nicht überall so ungünstig lauten wie bei Salomon (unter

18 Fällen ein lebendes Kind), so ermuthigen unsere Erlebnisse doch auch nicht dazu, insbesondere als die Erfahrung lehrt, dass hiebei bei Erstgebärenden, ob alt oder jung, schwere Verletzungen der Scheide, die sich, wie bei uns, in einem Falle tief ins Laquear und die Cervix hinein fortsetzen können, unvermeidlich sind. Dem gegenüber will ich bemerken, dass wir bei einer Mehrgebärenden einmal bei Gesichtslage und bei einer Erstgebärenden bei Stirneinstellung des Gesichtes, 3600 und 3500, mittelst Stellungsverbesserung mit dem Forceps Erfolg hatten. Auf die Forcipes bei Stirnlagen gehe ich hier nicht weiter ein.

Erwähnen will ich, dass bei einer Zehngebärenden exercitii causa am hochstehenden Gesichte Breus' Achsenzugforceps mit Erfolg angelegt wurde.

Hiezu beistehend eine Tabelle der ausgeführten Forcipes:

Bei Beckenenge:
Am Ausgang normal rotirt:
Erstgebärende 1. 3400 lebend, Mutter gesund.
               1. 3500 lebend, (†), Mutter gesund.
               1. 2800 lebend, Mutter gesund.

Quer am Beckenboden:
Erstgebärende 1. 2600 lebend, Mutter geheilt.
Mehrgebärende 1. 3600 » » gesund.

Quer in der Beckenmitte:
Erstgebärende 1. 2950 lebend, Mutter ges. (Ruptur u. Episiot.)
Mehrgebärende 1. 3850 (†), Mutter gesund.

Eingang (Achsenzugforceps):
Vielgebärende 1. 3650 lebend, Mutter gesund.

Bei normalem Becken:
Am Eingang normal rotirt:
Erstgebärende 1. 3150 (†), Mutter gesund.
               1. 2800 lebend, Mutter gesund.

Quer in der Beckenmitte:
Erstgebärende   1. 3850 lebend. Laceratio vaginae et cervicis.
Forcepsversuch } 1. 2950 (†), Mutter geheilt.
Craniotomie   S. cerebr.
Mehrgebärende   1. 3700 lebend, Mutter geheilt.

Hiezu noch zwei Craniotomien bei engem Becken nach Forcepsversuch:
Erstgebärende 1. 3500 (†), Mutter gesund.
Mehrgebärende 1. 3050 (†),   »   »

Ein Fall bei Stirneinstellung des Gesichtes in meiner Tabelle der Stirnlagen (Nr. 23), tief quer, Becken normal.
Erstgebärende 1. 3500 lebend, Mutter gesund.

Bei den 14 Wendungen hatten wir fünf todte Kinder (35·7%), ein Resultat, welches gewiss nicht besonders ermuthigend ist. Allerdings sind alle fünf Kinder bei Beckenverengerungen zu Grunde gegangen und wurde eine Wendung bei bereits perfecter Uterusruptur (Conj. 7·5) ausgeführt; daher kommt der Tod der Frucht mehr auf Rechnung dieser. Es stellt sich daher das Mortalitätsverhältniss bei Wendungen, mit Ausschluss dieses Falles, auf 28·57%. Ob dieses Kind (3200) bei rechtzeitig ausgeführter Wendung lebend zu extrahiren gewesen wäre, wage ich nicht zu behaupten, da über den Verlauf der früheren Geburten (Zehntgebärende) nichts Genügendes bekannt ist. Von den vier Fällen sind drei mit C. v. mit $8^1/_2$, einer mit $9^1/_2$. Die Kinder um 3000 herum.

Craniotomie haben wir neun verzeichnet, mit Ausschluss derer an nachfolgendem Kopfe.

Von den 17 gelungenen und 11 misslungenen Umwandlungen bei Gesichtslagen waren bei Beckenenge von den ersteren fünf, von den letzteren sieben. Von den fünf gelungenen betreffen vier platte Becken mit nicht unter 9 C. v., ein allgemeines verengtes Becken C. v. 9·5. Die Kinder reif, lebend. Von den sieben misslungenen konnten drei reife Kinder, zwei durch Wendung, eines durch Ausgangsforceps am Gesicht lebend entwickelt werden, ein frühreifes trat spontan aus, während drei Kinder durch andere Operationsmethoden zu Grunde gingen, und zwar zwei überreife bei 8·5 C. v., ein Forceps, eine Craniotomie, ein knappreifes Kind durch Wendung bei $9^1/_2$ (42·8%), ein Umstand, der ja nur zu Gunsten der zur eventuellen Rettung der Frucht unternommenen Umwandlungsversuche spricht. Der Umstand, dass bei den gelungenen Umwandlungen die Beckenverengerung nicht unter 9 cm herabging, liesse allerdings schliessen, dass dieses Verfahren nur bei Verengerungen I. Grades von Erfolg begleitet sein kann, ein Satz, der im Allgemeinen wohl als richtig bezeichnet werden muss. Es ist aber durchaus nicht unmöglich, dass in den Fällen von einer Verengerung von $8^1/_2$, wenn die Kinder nicht überreif, sondern normal entwickelt gewesen wären, speciell die Schädel nicht zu gross und breit sich erwiesen hätten, das Gelingen der Umwandlung vorausgesetzt, auch bei dieser Verengerung lebende Früchte mittelst derselben zu erzielen gewesen wären. Die Thatsache, dass wir bei Verengerungen II. Grades auch mittelst Wendung und Forceps nicht unter ein Mortalitätsprocent von 42·8 herunterkommen, lässt die Vornahme eines Umwandlungsversuches auch in diesen Fällen jedenfalls berechtigt erscheinen. Sollte sich während des Actes das Missverhältniss als zu gross, der Schädel in seinen Querdurchmessern als sehr breit erweisen, so dass insbesondere beim platten Becken eine Fixirung und Conformirung desselben im Beckeneingang als unwahrscheinlich oder sicher unmöglich erscheint, so ist jedenfalls der unmittelbare Anschluss der Wendung an den Umwandlungsversuch indicirt und die Umwandlung gerade so contraindicirt, wie in derartigen Fällen die Wendung auf den Kopf es ist.

Wenn für die Wendung das leichtere Durchtreten des nachfolgenden (keilförmigen) Kopfes, speciell für im Eingang platt verengte Becken ins Feld geführt wird, so ist die Richtigkeit dieser Behauptung nicht zu bezweifeln, dem jedoch entgegen zu halten, dass nach Wendung immer noch mehr Kinder zu Grunde gehen, als bei vorangehendem Kopfe.

Es lässt sich bei Gesichtslagen eine allgemein giltige Regel wohl nicht aufstellen und gilt hier mehr als irgend wo anders in der Medicin der Grundsatz des Individualisirens. Derjenige Geburtshelfer, der sich darin entsprechende Uebung angeeignet hat, wird auch bei Gesichtslagen günstige Resultate zu verzeichnen haben.

Was die Therapie der Gesichtslagen anlangt, spricht unsere, sowie v. Weiss' Statistik für die Richtigkeit des exspectativen Vorgehens bei normalen Verhältnissen. Die Stirnlagen (Stirneinstellungen) allein als Dystokien angenommen, ist es doch

immerhin genügsam bekannt, dass, wenn auch die vollkommene
Deflexion des Schädels als für den Durchschnittsmechanismus
nicht ungünstig zu bezeichnen ist und dieser x-mal spontan vor
sich geht, complicirende Verhältnisse, wie erste Geburt, höheres
Alter der Gebärenden und die damit verknüpfte höhere Rigidität
der Geburtswege, die so oft zu beobachtende spasmodische
Wehenthätigkeit, sowie die so oft vorkommende Beckenverengerung bei diesen von weit ernsterer prognostischer Bedeutung
sind, als bei den übrigen Längenlagen. Wir beobachten mitunter Fälle, welche trotz vorhandener, nicht allzugrosser Complicationen schliesslich doch bei entsprechender Geduld des
Geburtshelfers und genügendem Kräftevorrath der Mutter nach
langwierigem Geburtsverlauf spontan und für Mutter und Kind
günstig enden. Ich möchte diese Fälle aber doch speciell bei
den mentoposterioren Gesichtslagen als Ausnahmen bezeichnen,
geradeso, wie es ausnahmsweise vorkommt, dass Schädel unter ent-
sprechend ungünstigen Verhältnissen, wenn exspectativ vorge-
gangen, oder, wie so oft in der Praxis von Hebammen, überhaupt kein Arzt zugezogen wird, schliesslich und endlich nach
kolossaler Geburtsanstrengung seitens der Mutter spontan durchtreten. Wenn in solchen Fällen die Kinder nicht zu Grunde
gehen, ist es wohl meist Zufall und nicht Verdienst der Umgebung. Die Mutter leidet durch die lange Geburtsdauer und
die dadurch gegebene erhöhte Infectionsgefahr während derselben,
sowie durch den lang anhaltenden Druck auf die Weichtheile
gewiss oft mehr, als wie durch ein rechzeitig eingeleitetes, den
Geburtsverlauf wesentlich abkürzendes operatives Verfahren. Die
Prognose für das Kind ist ja, wie sattsam bekannt, durch lange
Geburtsdauer stets getrübt, ein Factor, der bei Gesichtslagen in
Folge der durch die Deflexion bedingten möglichen Circulations-
störungen im Fruchtkörper schwer ins Gewicht fällt. Es ist für
den Arzt nach den vorerwähnten Erfahrungen oft durchaus nicht
leicht, sich zu diesem oder jenem Verfahren zu entschliessen
und zu entscheiden, ob exspectatives Vorgehen oder rechtzeitige
Correctur der Deflexion oder Wendung in dem betreffenden Falle
am Platze wäre. Man kann im Allgemeinen als Regel fixiren,
dass jeder Geburtshelfer Gesichtslagen bei normalen Verhält-

nissen vis-à-vis auf conservativ exspectativer Basis zu stehen hat und sich vor unnöthiger Polypragmasie hüten soll. Bei Fällen von leichteren Complicationen dürfen wir, selbst wenn wir es mit einer älteren Erstgebärenden zu thun haben sollten, dieses Grundprincip nicht ganz ausser Acht lassen und werden, wohl wissend, dass der Mechanismus bei Gesichtslagen oft sprungweise vor sich geht, uns nicht vorschnell zu einem operativen Eingriff entschliessen.

Wenn aber Complicationen, wie räumliches Missverhältniss, abnorme Wehenthätigkeit, mentoposteriore Einstellung des Gesichtes, Stehenbleiben desselben über oder im Beckeneingang, oder andere Störungen des Mechanismus, höheres Alter bei Erstgebärenden, besondere Enge und Rigidität der Geburtswege, körperliche Schwäche oder erhöhte Empfindlichkeit der Gebärenden, complicirende andere Erkrankungen etc. vorhanden sind, werden wir rechtzeitig operativ einzugreifen haben. Wir können in solchen Fällen fast sicher von vorneherein auf einen glatten spontanen Verlauf verzichten und ist es meiner Ansicht nach dann für Mutter und Kind schonender, dieselben nicht einer meist schwierigen, oft genug mit Verletzungen oder dem Tode des Kindes endenden Zangenoperation auszusetzen, respective das kindliche Leben durch die Extraction am Beckenende zu gefährden. Dabei ist allerdings zu bedenken, dass wohl der klinische Arzt meist Gesichtslagen von allem Anfang an unter seinen Augen hat und demgemäss ad libitum disponiren kann, dass jedoch der praktische Arzt meistentheils zu Gesichtslagen im vorgeschrittenen Stadium lange nach dem Blasensprung bereits tief im Becken fixirtem Gesichte kommt. Der so oft eintretende vorzeitige Blasensprung ist in klinischen sowie externen Fällen oft genug ein störendes Hinderniss für die prophylaktische Correctur dieser Fälle.

Ich muss nochmals betonen, dass, die Nothwendigkeit eines Eingriffes vorausgesetzt, die manuelle Correctur der Gesichtslagen durch Flexion des Kopfes und Rumpfes mir als ein vollkommen berechtigter, ja indicirter Eingriff erscheint, und dass in Fällen, wo die Bedingungen die äusserste Grenze für die Indicationsstellung des in Frage kommenden Eingriffes erreicht haben, also die Wendung wenn nicht absolut unmöglich, so doch der drohenden Ruptur wegen Gefahr bringend, die manuelle Flexion des Schädels noch oft ausführbar, jedenfalls aber gefahrloser sein dürfte. Die Bedingungen hiefür sind: Eine Beckenverengerung von nicht unter 8·5 cm C. v., der Schädel darf die gewöhnlichen Masse nicht übersteigen, darf insbesonders nicht zu breit und zu hart sein. Die Blase soll stehen oder darf wenigstens nicht allzulange gesprungen sein; das Gesicht darf noch nicht tief im Becken fixirt sein, muss wenigstens noch herausgehoben werden können; Dehnung des unteren Uterinsegmentes soll noch keine vorhanden, das Orificium soll genügend erweitert oder erweiterungsfähig sein.

Ich will gar nicht leugnen, dass von den bei normalem Becken unternommenen Umwandlungen und Umwandlungsversuchen (12 + 4) eine erkleckliche Anzahl spontan in Gesichtslage geendigt hätten. Immerhin wurde bei einem misslungenen Versuche die Wendung nothwendig; jedenfalls wurden alle 16 Kinder lebend geboren und ob die eine inficirte Mutter nur durch die Vornahme der Umwandlung zu Grunde ging oder nicht auch bei spontanem Verlauf inficirt worden wäre, darüber zu streiten, scheint müssig. Sicher aber wurde durch die Vornahme der Correctur in den meisten Fällen der Geburtsverlauf wesentlich abgekürzt. Die Austreibungsperiode betrug nach Einstellung des Hinterhauptes meist nur $1/4$—1 Stunde. Wenn ich aber auch zugestehen muss, dass viele von diesen Fällen vielleicht unnöthigerweise unternommen wurden, so habe ich dem entgegenzuhalten, dass es Pflicht einer Klinik mit so grossem Materiale ist, in Vergessenheit gerathene oder neue Operationsverfahren zu prüfen.

Was die Umwandlungen bei Stirneinstellungen betrifft, so sprechen die hohe Kindermortalität und die durchaus nicht befriedigenden Resultate mit Forceps und Wendung noch mehr für die endliche allgemeine Acceptirung dieser Operationsmethode und möchte ich dieselbe für alle jene Fälle. welche einen spontanen Verlauf nicht sicher erwarten lassen, als prophylaktisch auszuführende Operation empfehlen; denn dass die Umwandlung bei noch beweglich über oder im Eingange stehender Stirne zu einer Zeit, wo der Schädel noch nicht pathologisch conformirt ist, leichter ausführbar ist als später, bedarf keiner weiteren Begründung.

Aber auch wenn die Stirne schon im Becken fixirt ist, also nur mehr Forceps oder Craniotomie in Frage kommen, ist der Versuch einer manuellen Correctur vorauszuschicken. Im ersteren Falle kann die künstliche Einstellung des Gesichtes durch Herabziehen des Kinns wohl nur bei Fehlen jedweder Complication in ausserordentlich günstigen Verhältnissen in Frage kommen und würde ich die Einleitung des Hinterhauptes als günstiger auf jedem Fall vorziehen. Im letzteren Falle dürfte durch die Einstellung des Gesichtes und durch die durch das Hinaufdrängen der Stirne und des Hinterhauptes passiv vermehrte Dehnung des unteren Uterinsegmentes eine Gefahr für letzteres eher eintreten als im gegentheiligen Falle. Die Prognose für Mutter und Kind kann bei den Correcturen der Stirnlagen nach unseren Erfahrungen (v. Weiss 6, — ich 3) als ausserordentlich günstig bezeichnet werden.

Wie die Literatur lehrt, wurden die einzelnen Methoden (Schatz allein, Baudelocque I., Baudelocque II. allein, diese beiden in Combination mit Schatz) von den verschiedenen Autoren mit verschiedenem Glücke ausgeführt und empfohlen. v. Weiss bevorzugte Baudelocque I. + Schatz, ich hingegen pflegte, da ich mit dieser Methode einigemale nicht zum Ziele gelangte, Baudelocque II. + Schatz auszuführen. Ich will durchaus nicht voreingenommen nur für diese plaidiren und sprechen ja genügende Erfolge auch für die andere. Ausführbar sind jedenfalls beide. Was ich für mein gepflogenes Verfahren anzuführen habe, folgt gleich unten.

v. Weiss hatte mit Baudelocque II.

4 Misserfolge,

2 Erfolge (bei Stirneinstellungen),

mit Baudelocque I.

6 Erfolge (2 Gesichts-, 1 Stirneinstellung, 3 Stirnlagen),

3 Misserfolge (2 Gesichts-, 1 Stirneinstellung),

in Summa also 8 Erfolge, 7 Misserfolge.

Ich verzeichne mit Baudelocque II.

19 + 1 (20) Erfolge (16 Gesichts-, 3 Stirnlagen),

7 Misserfolge (bei Gesichtslagen),

es stellen sich also die Erfolge wie 20:8, respective beide zusammen für Baudelocque II. gegen Baudelocque I. 22:11 = 6:3.

In jenen Fällen, wo mir Baudelocque II. misslang, habe ich jedesmal noch einen Versuch mit Baudelocque I. gemacht, aber nie damit Erfolg erzielt. Ich will jedoch diese Misserfolge nicht gegen die Methode ins Feld führen, da es nicht sicher ist, ob sie nicht als erste angewendet doch Erfolg gehabt hätte.

Ich habe meist bei einem Orificium von 6, respective 8 cm womöglich bei stehender Blase oder bald nach dem Blasensprung operirt. Dabei wurde die Gebärende narkotisirt (Narkose nur in den seltensten Fällen zu vermeiden) und auf die Seite des kindlichen Hinterhauptes der Länge nach mit dem Gesäss am Rande ins Bett gelagert. Das äussere Genitale wurde wie gewöhnlich bei operativen Eingriffen mit Seife, Bürste und dem dem jeweiligen Usus clinicus entsprechendem Desinficiens gründlichst gereinigt und eine desinfectorische Irrigation vorausgeschickt. Die vorhergehende Desinfection der Scheide bei vorher nicht untersuchten Fällen wird sich natürlich darnach richten, ob Untersuchungen oder irgend welche Manipulationen vorhergegangen, und wenn nicht, welcher Ansicht der betreffende Operateur über die Infectiosität der Scheidenmikroorganismen huldigt.

Dann wird mit der der Rückenseite der Frucht entsprechenden Hand eingegangen und mit dieser mit etwas auseinandergespreizten Fingern das Hinterhaupt ganz umgriffen, so dass die Fingerspitzen bis in die Nakenfalte zu liegen kommen. Je schmäler der Schädel und je dolichokephaler seine Form, desto leichter ist dies ausführbar. Wenn möglich, soll die Blase erst jetzt gesprengt werden, oft platzt dieselbe schon früher. Die Flexion in der stehenden Blase auszuführen, empfehle ich nicht, weil eine so exacte Hereinleitung des Occiput dabei nicht möglich und eine zu starke Zerrung des unteren Eipoles (vorzeitige Lösung des unteren Placentarrandes) nicht ausgeschlossen ist.

Nachdem die Deflexion halb behoben und der »todte Punkt« erreicht ist, hat auf Commando und synchronisch wirkend die äussere Assistenz einzugreifen. Wenn dies klappt, dann bemerken wir oft, dass die Flexion ruckweise, wie schnellend, vor sich geht. Die Hand hält nun das Hinterhaupt im Beckeneingange eine Zeit lang fest, die Narkose wird unterbrochen und die Gebärende bleibt constant auf derselben Seite liegen. Ich habe meist bald kräftigere und regelmässigere Wehen als vorher eintreten gesehen. Erwähnen muss ich ein Factum, welches ich nirgends erwähnt finde, dass der Schädel, wenn noch nicht tief im Eingang stehend, bis zum Momente des todten Punktes und auch oft während dieses, sehr häufig eine Neigung zeigt, sich um seine Längsachse (Längsachse der Frucht) zu drehen und dass diese Drehungen in Fällen von mentoanterioren Einstellungen zur Einstellung des Occiput nach vorne günstig ausgenützt werden können, dass dieselben aber bei mentoposterioren hinderlich wirken. Ja auch für die Flexion des Schädels selbst sind sie oft recht störend und man ist gezwungen, durch Anlegen des Daumens und kleinen Fingers an die beiden Schläfe- oder Seitenwandbeingegenden diese Bewegungen des Schädels zu verhindern, respective zu beschränken. Dass Breus bei den von ihm erledigten Fällen dieselbe Erfahrung machte, weiss ich aus einer mündlichen Mittheilung. Die äussere Assistenz, welche von beiden Seiten des Bettes aus geleistet werden kann, besteht erstens in Hebung des Uterus und Andrängen gegen die Brust und den Steiss in entgegengesetztem Sinne.

Dass bei Hydramnios am Schlusse der Umwandlung so viel Fruchtwasser abgelassen werden muss, dass der Uterus die Frucht in Hinterhauptslage ordentlich umschliesst, ist klar. Sind die Eihäute einmal sehr zäh, so dass sie dem Fingerdrucke nicht nachgeben, so kann der Blasensprung mittelst eines längs der darin liegengebliebenen Hand eingeführten Mandrins bewerkstelligt werden.

Wenn wir schliesslich die beiden Umwandlungsmethoden kritisch miteinander vergleichen, so muss man sich bei Gesichtslagen wohl zu Gunsten des Verfahrens nach Baudelocque II. + Schatz entscheiden. Nicht nur dass die Mehrheit der Erfolge und meine, sowie anderer persönliche Erfahrung über die leichtere Ausführbarkeit für letztere sprechen, ist auch eine theoretische Erwägung für dieselbe geltend zu machen.

Beistehende Figur Nr. 4 zeigt allerdings nur schematisch die Wirkungsweise der Kräfte bei beiden Methoden. Die von unten am Nasenrücken und Fossae caninae einwirkende Kraft dürfte durch die Richtung des Pfeils P_4 richtig markirt sein. Der Angriffspunkt dieser Kraft, welche bestimmt ist, die meist mehr als senkrecht stehende Schädelbasis im Atlasgelenke A_1 zu drehen, respective die Flexion der Halswirbelsäule in den noch ausserdem angenommenen Drehpunkten A_2 und A_3 zu bewerkstelligen, ist der denkbar ungünstigste. Die Richtung

Fig. 4.

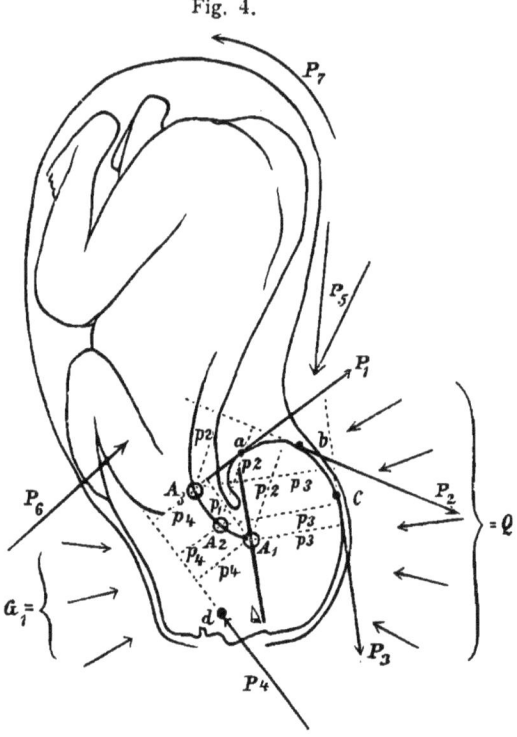

dieser Kraft bis zu den von den Drehpunkten senkrecht auf sie gefällten Hebelarmen verlängert, so ergibt nach dem bekannten Hebelgesetz $P_4 \, p_4 = K$, dass die Hebelarme recht ungünstig sind, daher die Kraft ziemlich gross sein muss. Wenden wir dieses selbe Gesetz auf die andererseits an den Punkten a, b, c des Occiput und Scheitels angreifenden Kräfte P_1, P_2, P_3 an, so ergibt sich für $P_2 \, p_2 = K$ und $P_3 \, p_3 = K$ ein bedeutend besseres Hebelmoment.

Die bei A_1 angreifende Kraft P_1 ist eigentlich als Zugkraft zu deuten und hat die Bestimmung, das fest in die Nackenbucht hineingepresste Hinterhaupt abzuziehen. Es ist daraus ersichtlich, dass in Folge der um so viel günstigeren Hebelarme die Kräfte P_2, P_3 zur Erzielung desselben Effectes K um vieles kleiner zu sein brauchen. Es wird demnach die Flexion durch Umgreifen des Hinterhauptes bei viel geringerem Kraftaufwande zu Stande kommen können. Ausserdem ist zu bedenken, dass durch das Umgreifen des Occiput mit der ganzen Hand die Kraft daselbst flächenhaft auf viele Punkte einwirken kann, während bei der anderen Methode höchstens das Aufsetzen dreier Finger an vorerwähnten Punkten und im weiteren Verlaufe der Flexion an den Stirnhöckern und am Scheitel möglich ist, wobei theils in Folge der ungenügenden Angriffspunkte, theils wegen der mehr oder minder tangential schief nach aufwärts wirkenden Kraft, wie ich selbst die Erfahrung machte, ein Abgleiten leichter möglich ist, ein Moment, das bei dem Umstande, dass in Folge der kleineren Hebelarme die Krafteinwirkung eine grössere sein muss, für diese Methode um so ungünstiger ins Gewicht fällt (Excoriationen und Verletzungen am Gesicht). Dass bei Gesichtslagen die Scheitelbeine immer unter die Stirnbeinschuppen hintergeschoben sind, ist noch lange nicht sicher erwiesen, jedenfalls kaum bei noch nicht tief im Becken stehendem Gesichte. Ich kann mich erinnern, dass ich bei den nach Baudelocque I. ausgeführten Versuchen theils gar keine Unterschiebung, ja sogar einmal eine im gegentheiligen Sinne gefunden habe. Dass dann zur Vervollständigung der Flexion ein sehr wichtiger Angriffspunkt fehlt und damit die ganze Manipulation erfolglos wird, ist klar. Denn wie alle Autoren darin übereinstimmen, muss die Flexion bis zur vollkommenen Einstellung des Hinterhauptes mit zu tiefststehender kleiner Fontanelle durchgeführt werden, wenn nicht sofort wieder eine Deflexion, entweder Stirneinstellung oder gar ganz Gesichtseinstellung zurückkehren soll.

Ausserdem ist zu bedenken, dass in der ersten Hälfte der Flexion wenigstens die Kraft P_4 die durch die Pfeile Q angedeuteten nicht zu unterschätzenden Widerstände des Scheitel und Hinterhaupt halbkugelförmig umschliessenden unteren Uterinsegmentes zu überwinden hat, Widerstände, welche der Flexion direct entgegenwirken, wodurch die Grösse der nothwendigen Kraft noch mehr erhöht, die Flexion erschwert wird. Im Gegentheil finden die Kräfte, welche auf Occiput und Scheitel wirken, an der Kinnseite, woselbst das untere Uterinsegment um vieles weniger gespannt ist, fast gar keine oder bedeutend geringere Widerstände. Der Druck des durch die Schädelwölbung gedehnten unteren Gebärmutterabschnittes wirkt zwar auf die äussere Fläche der eingeführten Hand, kann aber eben durch diese vom Schädel eliminirt und dadurch unwirksam gemacht werden. Dass diese übermässig gross oder der manipulirenden Hand hinderlich würde, ist nur in jenen Fällen möglich, wo sie schon vor Beginn der Operation eine bedeutende Grösse erreicht hat, also in Fällen von bedeutendem räumlichen Missverhältniss, Eingetretensein des Gesichtes in den Beckeneingang, vollkommenen Fruchtwasserabflusses etc., also unter Verhältnissen, wo die Indication für die manuelle Umwandlung an der äussersten Grenze angelangt ist. Ich habe auch in jenen Fällen, wo die strenge Indication dafür gegeben war und die Umwandlung nicht nur zur Ausprobirung der Methoden oder Exercitii causa gemacht wurden, nie eine übermässige Spannung der Uteruswand an der operirenden Hand constatiren können.

Jedenfalls glaube ich den Vorwurf, der dieser Methode gemacht wurde, insoferne als dieselbe Verletzungen in dem gedehnten unteren Uterinsegmente ermöglichen soll, zurückweisen zu können, denn, kommen solche vor, dann war entweder die Indicationsstellung oder die Ausführung nicht correct.

Ich habe die Erfahrung gemacht, dass der von aussen auf das Hinterhaupt einwirkende Druck wohl bei mentoposterioren Einstellungen, wenn genügend kräftig einwirkend, sichtlichen Erfolg hat, bei mentoanterioren jedoch liegt das Hinterhaupt so weit nach rückwärts, dass bei einigermassen gespannten oder fettreichen Bauchdecken derselbe das Occiput oft kaum direct trifft, ja sogar direct hinderlich wirken kann, indem er das in den Nacken gepresste Hinterhaupt noch mehr in denselben hineindrückt, es wäre denn, der Druck würde erst beginnen, wenn durch die unten wirkende Kraft bereits der höchste Grad von

Deflexion behoben ist. Der Druck von Aussen wird immer in der Richtung des Pfeiles P_5 wirken müssen, nachdem man selbst bei recht schlaffem Uterus nie dieselbe ganz im Nacken angreifen lassen kann. Er trifft daher, wenn gleich anfangs wirkend, nur die mehr nach Aussen liegenden Punkte des Schädels und würde mehr auf den Scheitel als auf das Occiput wirken.

Dieser in dem Bestreben, das Hinterhaupt möglichst exact und kräftig zu treffen, wohl oft unsanft ausgeübte Druck dürfte den unteren Gebärmutterpartien wohl weniger zuträglich sein als die durch die eingeführte Hand bedingte leichte Spannung. Ich habe daher in den meisten Fällen meiner Umwandlungen mit der freien Hand lieber einen Druck im Sinne von Schatz und Thorn auf die Brustgegend der Frucht ausgeübt, auf diese Weise die äussere Assistenz unterstützend, allerdings auch von Zeit zu Zeit das Hinterhaupt fixirend, um der innen manipulirenden Hand eine Gegenstütze zu bieten. Dass man die freie Hand zur Unterstützung der äusseren Assistenz zur Verfügung hat, scheint mir ein Vortheil dieser Methode, insbesondere wenn man bedenkt, dass diese in der Praxis von dem mehr oder minder geringen Geschick vielleicht nur einer Hebamme abhängt und man dadurch die ganze Aufmerksamkeit der letzteren nur auf die Hebung des Uterus und die Hinüberdrängung des Steisses zu concentriren braucht.

Was die Methoden bei Stirnlagen anbelangt, so glaube ich, dass Baudelocque II. + Schatz bei noch beweglicher Stirne jedenfalls vorzuziehen ist, dagegen räume ich der anderen Methode (Baudelocque I. + Schatz) bei bereits feststehender Stirne den ihr gebührenden Platz ein, weil ich zugeben muss, dass bei bereits bestehender starker Dehnung der Cervix ein Eingehen mit der ganzen Hand und Umgreifen des Occiput gefährlicher sein kann und das passiv herabgehebelte Hinterhaupt bei Stirnlagen, weil nicht so bedeutend vorspringend, die Gebärmutterwand nicht viel mehr dehnen dürfte.

Warum nach der einen, wie der anderen Weise Misserfolge zu verzeichnen sind, ist nicht für jeden Fall immer ganz klar. Gleiche Dexterität der Operateure vorausgesetzt, concurriren wahrscheinlich mehrere Ursachen zum Misslingen. In den meisten

Fällen ist eine ungenügende äussere Assistenz, respective ein nicht synchronisches Wirken derselben und eine Nichtüberwindung des »todten Punktes« die Ursache. Jedenfalls muss die Flexion des Halses gleichzeitig oder wenigstens unmittelbar nach der Herstellung der Lordose erfolgen. Geschieht dieselbe lange bevor der Rumpf gebeugt ist oder ganz ohne äussere Assistenz, so ist der Erfolg sehr zweifelhaft und nur in Fällen von grösserer Beweglichkeit der Frucht (Hydramnios) wahrscheinlich.

Ich möchte wünschen, dass diesem Operationverfahren schliesslich ein dauernder Platz unter den geburtshilflichen Operationen gegeben werde und dass es nicht nur auf Schulen, sondern auch in Lehrbüchern allgemein Eingang fände, damit die practicirenden Geburtshelfer sich desselben bedienen könnten.

Schliesslich sei es mir gestattet, meinem hochverehrten früheren Chef Hofrath Professor G. Braun aufrichtigen Dank zu sagen für die liberale Ueberlassung des klinischen Materials und die Unterstützung dieser Arbeit.

Benützte Literatur.

Ahlfeld, Die Entstehung der Stirn- und Gesichtslagen. Leipzig 1873.

Ahlfeld, Zur Frage der Entstehung der Gesichtslagen. Archiv für Gynäkologie. Band XVI, 45.

Bayer, Ueber den Begriff und die Behandlung der Deflexionslagen. Volkmann's Sammlung klinischer Vorträge. Nr. 270.

Boër, Sieben Bücher über natürliche Geburtshilfe. Band III, Wien 1834.

Bonnaire, Gaz. d. Hôp. Paris 1889; referirt Frommel's Jahresb. III.

G. Braun, Sitzungsberichte der Wiener gynäkologischen Gesellschaft. 1885, Nr. 5, S. 78.

Breisky, Zur Lehre von den Gesichtslagen. Monatsschrift für Geburtshilfe und Frauenkrankheiten. Band XXXII, 1868.

Breisky, Sitzungsbericht des medicin.-pharmac. Vereins des Berner Mittellandes, 28. Jänner 1873; referirt Correspondenzbl. für Schweizer Aerzte. 1873, Nr. 14.

Brennecke, Zur Umwandlung der Gesichtslagen in Hinterhauptslagen. Berliner klinische Wochenschrift. 1882, XIX, Nr. 4.

Budin, De la tête du foetus au point de vue de l'obstétrique. 1876.

Chlopatt, Eine Umwandlung etc., referirt Frommel's Jahresb. III.

Cramen, Ein Fall von Gesichtslage. Brit. Medic. Journal. 1884, S. 948; referirt Centralblatt für Gynäkologie. 1885, 2.

Credé, Monatsschrift für Geburtskunde. 1853, I.

Ehrendorfer, Archiv für Gynäkologie. XXXVII, 2.

Fassbender, Ueber Gesichtslagen. Beiträge zur Geburtshilfe und Gynäkologie. 1872, I.

Fassbender, Zur Aetiologie der Gesichtslagen. Beiträge zur Geburtshilfe und Gynäkologie. 1873, II.

W. Alex. Freund, Ueber den Zusammenhang gewöhnlicher Gesichtslagen. Betschler und Freund. II. Aufl., V.

Fritsch, Ein Fall von manueller Umwandlung. Berliner klin. Wochenschr. 5. August 1872, Nr. 32.

Fritsch, Klinik der geburtshilflichen Operationen, S. 54 u. II. Aufl., S. 157.

Frömmel, Spontaner Uebergang einer Gesichtslage ... etc. Wiener med. Presse. 1888, Nr. 7.

Gehrke, Inaugural-Dissert., Berlin 1888.

Grasnik, Ueber die Gesichtslage. Berlin 1875.

Grenser, Ein Fall von Forceps bei Gesichtslagen. Dresdener gynäkologische Gesellschaft. 1883.

Habit, Wiener med. Presse. 1890, Nr. 40.

Hallidag Croom, Die Veranlassung einzelner primärer Gesichtslagen. Vortrag, gehalten in der Edinburger geburtshilflichen Gesellschaft am 10. November 1879. Edinburgh med. Journ. 296.

Hammacher, Ueber Stirn- und Gesichtslage. Inaugural-Dissert., Würzburg 1887.

v. Hecker, Ueber die Schädelform bei Gesichtslagen. Berlin 1875.

v. Hecker, Ueber Gesichtslagen. Beobachtungen und Untersuchungen aus der Gebäranstalt. München 1881.

v. Hecker, Klinik der Geburtskunde. Leipzig 1861.

Heinricius, Accouchement par le front. Nouvelle archives d'obstétr. et de gyn. 1885.

v. Helly, Ueber Stirnlagen. Zeitschrift der k. k. Gesellschaft der Aerzte. Med. Jahrbücher. Wien, XVII. Jahrg., II.

Hertoghe, Annales de la société de méd. Anvers 1885.

Hewetson (James Reigate), Edinburgh Journ. 1885.

Hildebrandt, Zwei Stirnlagen. Monatsschr. für Geburtskunde und Frauenkrankheiten. 1865, Bd. XXV, S. 222.

Hoffheinz, Ueber Gesichtslagen. Inaug.-Dissert., Königsberg 1885.

Humphrey, Amer. Journ. of med. science. 1877, 145. (Centralbl. für Gynäkologie. 1877, 6.)

Kamm, Beitrag zur Lehre von der Gesichtslage. Inaug.-Dissert., Breslau 1878. (Centralbl. für Gynäkologie. 1879, 402.)

Kolosser, Ueber Gesichtslagen und deren manuelle Umwandlung. Inaug.-Dissert., Halle 1880.

Kormann, Deutsche med. Wochenschr. Nr. 5.

Küstner, Gesichtslagen. P. Müller's Handbuch der Geburtshilfe.

Langerhans, Leipziger geburtsh. Gesellsch. Sitzung am 14. Mai 1877. Archiv für Gynäkologie. XII, 480.

Mc. Lean, Geburtsh. Gesellsch. New-York. Sitzung am 1. November 1892.

Leopold, Sitzungsbericht der gynäkologischen Gesellschaft. Dresden, 104. Sitzung am 4. December 1884.

Lomer, Hamburger geburtsh. Gesellsch. Sitzung am 26. November 1889.

Eli H. Long, Buffalo, Stirnlage-Correctur in Hinterhauptslage. Amer. Journ. of obstetr. 1883.

Loviot, Annal. der Gynäkologie. 1884.

Lüdike, Centralblatt für Gynäkologie. 1879, Nr. 9.

Makay, Amer. Journ. of obstetr. New-York 1888, S. 1162; referirt Frommel's Jahresb. II.

Mann, Aus der Pester Klinik. Orvosi Hetilap. 1880, 41. (Centralblatt. 1880, 25.)

Markoë, Northwestern Lancet. 1886.

Mayr, Beiträge zur Lehre von den Gesichtslagen. Archiv für Gynäkologie. 1877.

Murray, Edinburgh med. Journ. April 1882.

Olshausen, Gesichtslagen. Klin. Beiträge zur Geburtshilfe und Gynäkologie. Stuttgart 1884.

Partridge Ed., Amer. Journ. of obstetr. New-York 1884. (Centralblatt 1884. 46.)

Peiper, Mittheilungen aus der geburtshilflichen Klinik und Poliklinik zu Greifswald. Archiv für Gynäkologie. XXIII, 1.

Peters H., Sitzungsbericht der geburtshilflich-gynäkologischen Gesellschaft. Wien 1888, IV.

Peters H., Sitzungsbericht der geburtshilflich-gynäkologischen Gesellschaft. Wien 1890, I.

Pippingsköld, Die manuelle Umwandlung von Gesichtslagen... Archiv für Gynäkologie. 1873, V.

Rasch, Fall von Stirnlage. Inaug.-Dissert., Würzburg 1885. (Centralblatt. 1885, 46.)

Reynold Ed., Boston med. and surg. Journ. 1887.

Salomon, Ueber Gesichtslagen... Inaug.-Dissert., Berlin 1890.

Scanzoni, Lehrbuch der Geburtshilfe, S. 657.

Schatz, Die Umwandlung von Gesichtslagen... Archiv für Gynäkologie. 1873, V.

Schatz, Die Aetiologie der Gesichtslagen. Archiv für Gynäkologie. 1886, XXVII.

Schröder, Lehrbuch der Geburtshilfe (Olshausen 1891).

Schulze, Ueber die Schädelform bei Gesichtslagen. Archiv für Gynäkologie. 1870, I.

Siebold, Zur Lehre von der Gesichtslage. Monatsschrift für Geburtshilfe und Frauenkrankheiten. 1859, XIII.

Smyth, British med. Journal. 1882.

Solowieff, Société des obstétr. et gyn. de Moscou. (Frommel's Jahresbericht. III.)

Späth, Erfahrungen über Stirnlagen. Zeitschrift für praktische Heilkunde. 1859, 26 u. 27.

Spiegelberg, Lehrbuch der Geburtshilfe.

v. Steinbüchl, Ueber Gesichts- und Stirnlagen (Klinik Chrobak). Wien 1894.

Thassius, Plötzliches Entstehen einer Gesichtslage. Centralblatt. 1879, 583.

Thorn, Zur manuellen Umwandlung... Zeitschrift für Geburtshilfe und Gynäkologie. 1886, XIII.

Torggler, Ueber Gefährdung des Dammes bei Gesichtsgeburten. Centralblatt für Gynäkologie. 1887, 14.

Volland, Ein neuer Handgriff zur Correctur... Centralblatt. 1887, 46.

Walther, Ueber Gesichtslagen... Berichte und Studien aus dem königl. sächs. Entbindungs- und gynäkologischen Institut. Dresden, Bd. III.

v. Weiss, Zur Behandlung der Gesichts- und Stirnlagen. Volkmann's Sammlung klinischer Vorträge. 1893, 74.

Welponer, Beiträge zur Schatz'schen Umwandlung... Archiv für Gynäkologie. Bd. XI, 2.

Welponer, Klinische Berichte der geburtshilflichen Klinik des Professors G. Braun, 1874. Wiener med. Presse. 1877, 32—35.

v. Winckel, Zur Lehre von der Gesichtslage. Klinische Beobachtung zur Pathologie der Geburten. Rostock 1869.

v. Winckel, Lehrbuch der Geburtshilfe. 1893.

v. Winckel, Monatsschrift für Geburtshilfe und Gynäkologie. XXX.

Wullstein, Die Gesichtslage. Inaug.-Dissert., Berlin 1891.

Ziegenspeck, Beitrag zur Behandlung der Gesichtslage. Volkmann's Sammlung klinischer Vorträge. 1886, Nr. 284.

Zweifel, Lehrbuch der Geburtshilfe. 1892.

TABELLARISCHE ÜBERSICHT

Uebersicht der von Dr. v. Weiss ausgeführten erfolgreichen Umwandlungen von Gesichtslage in Schädellage.

Nummer	Klinische Protokoll-Nummer und Jahrgang	Zahl der Geburten	Alter	Becken	Stellung	Zeitpunkt des Eingriffes und weiterer Geburtsverlauf	Geburtsdauer Vom Weheneintritte bis zum Austritt der Frucht / Vom Blasensprung (Stunden)	Kind Gewicht	Länge	Geschlecht	Lebend	Wiederbelebt	scheintodt Nicht wiederbel.	Frisch, todt	Macerirt	Wöchnerin Normales Puerperium	Erkrankt, genesen	Gestorben
1 (77)	112, 1892	2	26	Normal	1	Fötale Herztöne nicht nachweisbar, Kindesbewegungen angeblich bis vor wenigen Tagen deutlich fühlbar, keine Spur von Lues. Bei stehender Bläse und schräg über dem Eingange stehendem beweglichen Gesichte mit tiefer	10'	3400		M.					1			

Uebersicht der von Dr. v. Weiss ausgeführten erfolglosen Umwandlungen von Gesichtslage in Schädellage.

2 (Nr. 78) c	1109, 1891	1 33	Normal	1	Blasensprung nach 22stündiger Wehenthätigkeit bei verstrichenem Orificium. Kinn dreht sich trotz rechter Seitenlage nach rückwärts und rückt trotz energischer Wehenthätigkeit nur bis in die Beckenmitte, woselbst es stehen bleibt. 5 Stunden nach dem Verstreichen des Orificiums in Narkose bimanuelle Umwandlung (Baudelocque I.); 10 Minuten darauf spontane Geburt	17h 10'	5h 10'	3250 52 K. 1
1 (Nr. 72) c	2306, 1887	3 40	Normal	2	Bei verstrichenem Cervix, 7 cm Orificium, stehender Blase, Gesicht im Eingang quer stehend, in Narkose Versuch der Umwandlung (Baudelocque II.), dabei springt die Blase, sofort Wendung, Extraction	3	—	3200 51 K. 1
2 (Nr. 73) c	2113, 1888	3 30	Allgemein ungleichmässig verengtes Becken, 23·5, 27, 32, 19, 83, C. v. = 9·5	1	Nach 12stündiger Wehenthätigkeit Blasensprung, 6 Stunden später bei 6—7 cm Orificium, starker Gesichtsgeschwulst, vollkommenem Fruchtwasserabfluss, wenig beweglich auf dem Beckeneingang stehendem Gesicht, in Narkose Versuch der Umwandlung (Baudelocque II.) misslingt, daher Wendung, Extraction	18½	6½	2950 50 K. 1

Nummer	Klinische Protokoll-Nummer und Jahrgang	Zahl der Geburten	Alter	Becken	Stellung	Zeitpunkt des Eingriffes und weiterer Geburtsverlauf	Vom Weheneintritte bis zum Austritt der Frucht (Stunden)	Vom Blasensprung (Stunden)	Gewicht	Länge	Geschlecht	Lebend	Wiederbelebt	Nicht wiederbel.	Frisch, todt	Macerirt	Normales Puerperium	Erkrankt, genesen	Gestorben
3 (Nr. 74)	2300. 1889	2	27	Allgemein ungleichmässig verengtes Becken, 24, 28, 30, 18, 89, C. d. 10. C. v. 8·5	2	Nach 9stündiger Wehenthätigkeit bei 6 cm Orificium, stehender Blase, beweglich über dem Eingang stehendem Gesicht, Versuch der Umwandlung (Baudelocque II.) misslingt. Hereinleitung des Gesichtes. Gesicht bleibt schräg in der Beckenmitte, Forceps mit Rotation	16½	7½	3800	52	K.	—	—	1¹⁾	—	—	—	—	—
4 (Nr. 75)	852. 1891	1	39	Allgemein ungleichmässig verengtes Becken, 22·5, 27, 29, 79, 17, 135	2	Umwandlung zuerst gelungen (Baudeloque I.), dann Hinterhaupt wieder abgewichen, Gesicht schwer beweglich am Eingange, schwierige Wendung	—	—	2850	49	K.	—	1	—	—	—	—	—	—

¹) Querfractur der Schläfebeinschuppe, Längsfractur des rechten Scheitelbeines.

| (Nr. 76) 5 | 1169, 1891 | 1 27 | Nahezu normal | 1 | Primäre Gesichtslage, während der Gravidität Versuche nach Schatz, Blasensprung bei geschlossenem Orificium, Versuche nach Schatz, Versuch (Baudelocque I. + Schatz) vergeblich, spontane Geburt in Gesichtslage | 35 | 51 | 3300 | 50 | K. | 1 | | |

Uebersicht der von Dr. v. Weiss ausgeführten erfolgreichen Umwandlungen von Stirneinstellung in Schädellage.

| 1 (Nr. 84) | 66, 1887 | 5 33 | Rachit. platt, 25, 27·5, 31, 16·5, 84, 11, 9·2—3 | 1 | Zuerst Vorderscheitel-, dann Stirneinstellung in Narkose, Baudelocque II., Geburt in Schädellage | — | — | 2900 | 49 | M. | | | |
| 2 (Nr. 86) | 1807, 1888 | 1 19 | Normal | 2 | Stirn im Eingang beweglich, Baudelocque II., spontane Geburt in Schädellage | 19 3/4 | 3/4 | 3000 | 50 | M. | 1 | | |

Uebersicht der von Dr. v. Weiss ausgeführten erfolglosen Umwandlungen von Stirneinstellung in Schädellage.

Nummer	Klinische Protokoll-Nummer und Jahrgang	Zahl der Geburten	Alter	Becken	Stellung	Zeitpunkt des Eingriffes und weiterer Geburtsverlauf	Geburtsdauer Vom Wehen-eintritte bis zum Austritt der Frucht Stunden	Vom Blasensprung Stunden	Gewicht	Länge	Geschlecht	Kind Lebend	Wiederbelebt	scheintodt Nicht wiederbel.	Frisch, todt	Macerirt	Wöchnerin Normales Puerperium	Erkrankt, genesen	Gestorben
3 (Nr. 87)	305, 1891	2	26	Gering allg. ungleichm. ver. 24, 27·5, 30, 18, 80, 144, 11, 9·3—5		Kurz nach dem Blasensprung bei beweglich im Eingang stehender Stirn Baudelocque I. + Schatz, 2 Stunden später Forceps am Ausgang		2	3480	53	M.	1	—	—	—	—	—	—	—
1 (85)	1283, 1887	1	21	Leicht plattes Becken	2)	Stirne noch theilweise beweglich im Eingang, nach 23stündiger Wehenthätigkeit. Baudelocque II. misslungen, daher Hereinziehung des		34	3400	51	K.	1	—	—	—	—	—	—	—

2	444, 1892	1	22	Allgemein ungleichmässig verengt, 24, 27¹/₄, 31, 18, 84, 145, 11¹/₂, 9³/₄ bis 10	—	2	Baudelocque I. + Schatz bringt nur die grosse Fontanelle herab, schliesslich wird wieder Gesichtslage erzeugt und am schief im Ausgang stehenden Gesicht Forceps gemacht	—	2900	49	K.	1	—

Uebersicht der von Dr. v. Weiss ausgeführten erfolgreichen Umwandlungen von fixirter Stirnlage in Schädellage.

1 Nr. 105	2643, 1890	6	34	Mässige Verengung	—	1	Umwandlung nach Thorn und Baudelocque I.	—	3750	52	M.	1	—
2 Nr. 106	2288, 1890	2	20	Weit	—	2	(Baudelocque I. + Schatz) vorzeitige Placentalösung, Blutung steht bald	—	3200	50	M.	1	—
3 Nr. 107	2298, 1891	3	24	Geringe Verengung	—	1	(Baudelocque I. + Schatz)	—	3900	53	K.	1	—

Gesichtslagen (1880—1890).

Nummer	Klinische Protokoll-Nummer und Jahrgang	Zahl der Geburten	Alter	Becken	Stellung	Zeitpunkt des Eingriffes und weiterer Geburtsverlauf	Geburtsdauer Vom Weheneintritte bis zum Austritt der Frucht Stunden	Geburtsdauer Vom Blasensprung Stunden	Gewicht	Länge	Geschlecht	Kind Lebend	Kind Wiederbelebt	Kind Scheintodt Nicht wiederbel.	Kind Frisch, todt	Kind Macerirt	Wöchnerin Normales Puerperium	Wöchnerin Erkrankt, genesen	Wöchnerin Gestorben
1	267, 1880	1	19	Keine Angabe (normal)	2	Vorzeitiger Blasensprung, Forceps am tiefstehenden rotirten Gesichte 3½ Stunden nach Verstreichen des Orificiums	9½	20½	3150	50	K.	—	—	1	—	—	1	—	—
2	340, 1880	1	22	Keine Angabe (normal)	1	Spontaner Verlauf	14½	½	2800	49	M.	1	—	—	—	—	1	—	—
3	82, 1880	6	?	Plattes Becken, C. v. = 9·5	1	Kolpeuryse zur Erhaltung der Blase, spontaner Partus	9	—	2950	49	M.	1	—	—	—	—	—	—	—
4	2001, 1880	1	28	Keine Angabe (normal)	1	Blasensprung bei kaum für den Finger passirbarem Orificium, Temperatursteigerung intra partum bis 38·0°, fiel auf Natrium salicyl. wieder ab	44	44	3100	50	M.	—	—	—	—	—	1	—	—
5	1666, 1880	1	26	Normal	1	Rascher spontaner Verlauf	5¾	1	3250	50	K.	1	—	—	—	—	1	—	—

80

6	1679, 1880	5|36	Normal	1	Forcepsversuch ausserhalb der Anstalt. Wegen Lebensgefahr der Frucht am in der Beckenmitte quer stehenden Gesichte bei verstrichenem Orificium Forceps	8 2¹/₂ (?)	1¹/₂	3700	51	K.		1		?
7	1352, 1880	2|34	Normal	2	Rascher spontaner Verlauf	21¹/₂	—	2600	48	K.		1		1
8	1387, 1880	1|19	Normal	1	Spontaner Verlauf, Atonia uteri post partum, Metrorrhagie mässigen Grades	10¹/₂	2	2700	47	M.		1		1
9	1037, 1880	5|38	Plattes Becken, C. v. = 9·5	2	Spontaner Verlauf	11	4¹/₂	3350	51	M.		1		1
10	2551, 1880	1|28	Becken verengt, weiter keine Angabe	2	Spontaner Verlauf	26¹/₂	2	3350	51	K.		1		1
11	2576, 1880	2|24	Normal	1	Spontaner Verlauf	9³/₄	—	2850	48	K.		1		1
12	2583, 1880	1|27	Normal	1	Spontaner Verlauf, Ruptura perinei zweiten Grades	8¹/₄	1¹/₂	2600	48	M.		1		1
13	2461, 1880	4|28	Normal	2	Spontaner Verlauf	19	1¹/₂	4250	54	K.		1	1	
14	2172, 1880	2|35	Plattes Becken, C. v. = 9·0	2	Wendung bei stehender Blase, verstrichenem Orificium (Narkose), schwere Extraction	14¹/₄	—	4500	54	K.		1		

eters, Corr. d. Deflexionslagen.

Nummer	Klinische Protokoll-Nummer und Jahrgang	Zahl der Geburten	Alter	Becken	Stellung	Zeitpunkt des Eingriffes und weiterer Geburtsverlauf	Geburtsdauer Vom Weheneintritte bis zum Austritt der Frucht Stunden	Geburtsdauer Vom Blasensprung	Kind Gewicht	Kind Länge	Kind Geschlecht	Kind Lebend	Kind Wiederbelebt	Kind scheintodt Nicht wiederbel.	Kind Frisch, todt	Kind Macerirt	Wöchnerin Normales Puerperium	Wöchnerin Erkrankt, genesen	Wöchnerin Gestorben
15	710, 1881	1	25	Normal	1	Spontaner Verlauf, Gesicht tritt quer stehend durchs Becken und auch quer durch die Vulva, Episiotomie	20³/₄	2³/₄	2600	47	K.	1					1		
16	751, 1881	2	23	Normal	2	Spontaner Verlauf, Ruptura perin. ersten Grades	12½	¼	3300	50	K.	1					1		
17	846, 1881	4	24	Normal	1	Spontaner Verlauf	15³/₄	½	2950	49	M.	1					1		
18	1035, 1881	2	41	Normal	2	Spontaner Verlauf	19	—	3300	50	K.	1					1		
19	1134, 1881	3	25	Normal	1	Spontaner Verlauf	6¼	½	3500	51	M.	1					1		

Vorzeitiger Blasensprung, Meconiumabgang, unregelmässiger Fötalpuls, Wendung auf den linken Fuss, Extraction wegen Vorfall der Schnur neben dem Fuss, Forceps am nachfolgenden Kopf wegen Cervixstrictur	29	?	3000	50	M.	? 1?	1
Stirneinstellung, Stirne bleibt lange tiefer als das Kinn; vorzeitiger Blasensprung; bei über der Beckenmitte stehendem Gesichte Forcepsversuch, schliesslich Craniotomie	31¼	25½	3050 (S. cerebr.)	50	M.	1	1
Forceps am tief stehenden vollständig rotirten Gesicht 4 Stunden nach Verstreichen des Orificiums	13	5	2800	48	M.	1	1
Spontaner Verlauf	6¼	5¾	3050	50	K.	1	1
Spontaner Verlauf	8¼	2	3850	52	K.	1	1?
Vorzeitiger Blasensprung, spontaner Verlauf	27½	24½	3400	51	M.	1	1
Spontaner Verlauf	31	4¼	3250	50	M.	1	1

Nummer	Klinische Protokoll-Nummer und Jahrgang	Zahl der Geburten	Alter	Becken	Stellung	Zeitpunkt des Eingriffes und weiterer Geburtsverlauf	Geburtsdauer Vom Weheneintritte bis zum Austritt der Frucht Stunden	Geburtsdauer Vom Blasensprung Stunden	Gewicht	Länge	Geschlecht	Kind Lebend	Kind Wiederbelebt	Kind scheintodt Nicht wiederbel.	Kind Frisch, todt	Kind Macerirt	Wöchnerin Normales Puerperium	Wöchnerin Erkrankt, genesen	Wöchnerin Gestorben
27	3142, 1881	3	36	Plattes Becken, C. v. = 9·0	2	Bei tief am Beckenboden quer stehendem Gesichte Forceps, Stellungsverbesserung (Drehung während der Extraction)	18¾	16¾	3600	51	K.	1					1		·
28	3253, 1881	2	22	Normal	1	Mentoposteriore Einstellung bei verstrichenem Orificium und sprungfertiger Blase bei im Eingange beweglichen Gesichte, Wendung auf den linken Fuss, Extraction	13	?	3550	50	K.	1					1		
29	146, 1882	4	34	Plattes Becken, C. v. = 9·0	1	Spontaner Verlauf	7	1¾	3350	50	M.	1					1		
30	400,	1	21	Normal	1	Spontaner Verlauf	6		3200	51	K.	1					1		

7	31	Normal		1	Spontaner Verlauf	13¼	3½	2800	48	M.	1¹)	—	—	—	1 (Privatpflege)	—
1	20	Allgemein gleichmässig verengtes Becken, 21·0, 25·5, 29·5, 18, externa 8·5 = C. v.	2	Craniotomie bei 7 cm weitem Orificium	37	25	2700 (S. cerebr.)	?	K.	—	—	1	1 (Privatpflege)	—
1	30	Allgemein verengtes Becken, C. v. = 9·5	1	Forceps (?)	5	1	2600	46	K.	1	—	—	—	1
2	28	Normal	2	Spontaner Verlauf	22	2	3550	51	M.	1	—	1	—	1
1	37	Allgemein verengtes, besonders plattes Becken, 21·5, 26, 28, 17·5, C. v. = 9·5	1	Vorfall der pulsirenden Schnur und einer Hand neben dem im Eingange nicht mehr gut beweglichen Gesicht, nach einem Wendungsversuche, der vergeblich, Craniotomie	13½	1½	2050	?	M.	—	—	—	—	1
3	25	Normal	1	Wegen Meconiumabganges bei schwachem Fötalpuls Wendung und Extraction am Fusse	7¾	1¾	2950	49	K.	1	—	—	—	1

Am dritten Tage gestorben (?).

86

Geburtsdauer		Zeitpunkt des Eingriffes und weiterer Geburtsverlauf	Kind								Wöchnerin		
Vom Weheneintritte bis zum Austritt der Frucht Stunden	Vom Blasensprung		Gewicht	Länge	Geschlecht	Lebend	Wiederbelebt	Nicht wiederbel. scheintodt	Frisch, todt	Macerirt	Normales Puerperium	Erkrankt, genesen	Gestorben
17½	1	Spontaner Verlauf, Episiotomia unilat.	2700	48	M.	1					1		
28	—	Wendung nach Braxton Hicks, schwierige Extraction, Forceps am nachfolgenden Kopfe	2650	48	K.			1				—	
19¼	¼	Spontaner Verlauf	3600	51	K.	1					1		
9¼	9¼	Spontaner Verlauf	2950	50	K.	1					1		
35½	19	Wendung nach Braxton Hicks, Extraction	3100	50	M.	1					1		

87

43	2181, 1882	4	42	Plattes Becken, C. v. = 8·5	1	Handvorfall neben dem Gesicht, Wendung und Extraction	7½	3300	51	K.	1			1	
44	2355, 1882	3	36	Allgemein verengtes Becken, C. v. = 8·5	2	Craniotomie	25½	2750 (S. cerebr.)	50	K.				1	
45	2420, 1882	1	24	Normal	2	Spontaner Verlauf	11	3000	50	K.				1? 1? Privatpflege	
46	2512, 1882	1	35	Allgemein verengtes Becken, C. v. = 8·5	1	Wendung auf beide Füsse, schwierige Armlösung, Perforation des nachfolgenden Kopfes, Ruptura uteri rechts im Cervix	19	3250 (S. cerebr.)	?	K.		1	1		1")
47	2526, 1882	10	42	Mässig plattes Becken, C. v. = 9·5	2	Achsenzugforceps	24½	3650	52	M.	1			1	
48	370, 1883	1	20	Normal	1	Spontaner Verlauf, Episiotomia bilateral.	59½	3500	51	M.	1			1	
49	236, 1883	1	21	Normal	1	Spontaner Verlauf	21¾	3200	51	K.	1				
50	904, 1883	2	26	Normal	2	Spontaner Verlauf	12½	3750	51	K.	1				
51	965, 1883	3	24	Plattes Becken, C. v. = 9·5	2	Spontaner Verlauf	9¼	4000	52	K.	1			1	

[1]) Wenige Stunden nach der Entbindung trotz Tamponade an Verblutung gestorben.

88

Nummer	Klinische Protokoll-Nummer und Jahrgang	Zahl der Geburten	Alter	Becken	Stellung	Zeitpunkt des Eingriffes und weiterer Geburtsverlauf	Geburtsdauer Vom Wehen-eintritte bis zum Austritt der Frucht Stunden	Geburtsdauer Vom Blasensprung Stunden	Kind Gewicht	Kind Länge	Kind Geschlecht	Kind Lebend	Kind scheintodt Wiederbelebt	Kind scheintodt Nicht wiederbel.	Kind Frisch, todt	Kind Macerirt	Wöchnerin Normales Puerperium	Wöchnerin Erkrankt, genesen	Wöchnerin Gestorben
52	1072, 1883	1	26	Plattes Becken, C. v. = 9·5	2	Spontaner Verlauf	21³/₄	2¹/₄	3100	48	K.	1	—	—	—	—	1	—	—
53	1188, 1883	3	28	Normal	1	Manuelle Umwandlung in Hinterhauptslage, spontane Geburt in Hinterhauptslage 3 Stunden nach der Umwandlung	22¹/₄	11³/₄	3200	50	K.	1	—	—	—	—	—	1[1]	—
54	1250, 1883	3	25	Normal	2	Umwandlung in Hinterhauptslage, nach 10 Minuten erfolgt spontane Geburt in Hinterhauptslage	9	¹/₄	3450	50	K.	1	—	—	—	—	—	1[2]	—
55	1296, 1883	1	19	Normal	1	Umwandlung in Hinterhauptslage gelingt. Spontane Geburt in Hinterhauptslage nach circa 2 Stunden, dolichokephaler Schädel, Frontooccipitalis 12 cm	3 ?	2	2999	47	K.	1	—	—	—	—	1	—	—

[1]) Leichte Endometritis.
[2]) Leichte Endometritis.

Umwandlung in Hinterhauptslage gelingt, später Ausgangsforceps	14
Manuelle Umwandlung ohne Narkose, spontane Geburt in Hinterhauptslage	11
Umwandlung in Hinterhauptslage gelungen, Forceps am zangenrecht stehenden Schädel	16
Umwandlung in Hinterhauptslage gelungen, eine Stunde darauf spontane Geburt in Hinterhauptslage, Episiotomia bilateralis	?

Nummer	Klinische Protokoll-Nummer und Jahrgang	Zahl der Geburten	Alter	Becken	Stellung	Zeitpunkt des Eingriffes und weiterer Geburtsverlauf	Geburtsdauer Vom Wehen-eintritte bis zum Austritt der Frucht Stunden	Geburtsdauer Vom Blasensprung Stunden	Kind Gewicht	Kind Länge	Kind Geschlecht	Kind Lebend	Kind scheintodt Wiederbelebt	Kind scheintodt Nicht wiederbel.	Kind Frisch, todt	Kind Macerirt	Wöchnerin Normales Puerperium	Wöchnerin Erkrankt, genesen	Wöchnerin Gestorben
62	1675, 1884	5	27	Normal	1	Umwandlung in Hinterhauptslage gelungen, ½ Stunde darauf spontane Geburt in Hinterhauptslage	12⅔	½	2950	50	K.	1					1		
63	2669, 1884	2	?	Normal	2	Spontaner Verlauf	6¼	—	3300	50	K.	1					1		
64	1795, 1884	2	34	Allgemein verengtes, plattes Becken, 22, 28, 29, 83, 16, externa, 9.5 C. v.	2	Mit fehlerhafter Diagnose (Steisslage) von aussen übergebracht, Gesicht tief im Beckeneingange (Stirneinstellung) quer stehend, spontaner Geburtsverlauf (1882 taner Forceps wegen Eklampie)	6½	6½	2950[1]	50	M.	1					1		

[1] Rect. = 12, U. = 34; bitemp. = 7; bipariet. = 8; Obliqu. min. = 11, U. = 33; Obliqu. maj. = 13, U. = 37.

91

65	1915, 1884	1 19	Normal	Wegen Wehenschwäche und Lebensgefahr des Kindes am unter der Beckenmitte quer stehenden Gesichte (trotz langdauernder Seitenlagerung der Gebärenden Mechanismus stillstehend) Anlegung des Forceps im linken schrägen Durchmesser; Versuch der Stellungsverbesserung misslingt, Kind nach einigen kräftigen Tractionen abgestorben, Craniotomie, Ruptura perin. ersten Grades	27	4³/₄	2950 (S. cerebr.)	50 M.	—	1 Endo- metritis	—
66	2170, 1884	1 ?	Normal (?)	Blasensprung angeblich einen Tag vor Ankunft an der Klinik, ausserhalb der Anstalt Forcepsversuch misglückt, sehr gespannter Uterus. Orificium 7 cm weit, pulslose Schnur, neben dem Gesichte vorgefallen, Craniotomie	11¹/₂	35¹/₂	3000 (S. cerebr.)	50 M.	1	1 ? (Privatpflege)	—
67	2175, 1884	1 20	Normal	¹/₂ Stunde nach Verstreichen des Orificiums bei mentoposteriorer Stellung des Gesichtes in der Beckenmitte Stellungsverbesserung mittelst Forceps gelingt, Laceration der Scheide, welche bis in das Cervicalgewebe hinein sich fortsetzt. Febris sub partu 37·8	12³/₄	21¹/₂	3850	52 M.	1	—	1¹⁾

¹) (Febricula) Laceratio cervicis sanata.

Nummer	Klinische Protokoll-Nummer und Jahrgang	Zahl der Geburten	Alter	Becken	Stellung	Zeitpunkt des Eingriffes und weiterer Geburtsverlauf	Geburtsdauer Vom Weheneintritte bis zum Austritt der Frucht	Geburtsdauer Vom Blasensprung Stunden	Kind Gewicht	Kind Länge	Kind Geschlecht	Kind Lebend	Kind Wiederbelebt	Kind scheintodt Nicht wiederbel.	Kind Frisch, todt	Kind Macerirt	Wöchnerin Normales Puerperium	Wöchnerin Erkrankt, genesen	Wöchnerin Gestorben
68	2234, 1884	7	39	Normal	1	Von aussen nach zweimaligem missglücktem Forcepsversuch (Zange abgeglitten), Gesicht Beckenmitte, mentoposteriore Einstellung, linker Arm und pulslose Schnur vorgefallen, leicht blutend überbracht, Craniotomie, Perforation nur durch die rechte Orbita möglich, leichte Fieberbewegung intra partum, Läsion im Cervix nicht vorhanden	15	15	3450 (S. cerebr.)	53	M.			.	1			1	
69	672, 1885	2	20	Normal	1	Umwandlung in Hinterhauptslage misslingt, Gesicht tritt querstehend mit stets etwas tiefer stehender Stirne in die Vulva und macht in dieser die normale Rotation durch	17	½	2500	45	M.	1					1		

70	686, 1885	4	34	Normal	2	Umwandlung in Hinterhauptslage gelingt, Kind in Hinterhauptslage geboren	18	7	3150	50	K.	1		1
71	765, 1885	1	22	Rachit. plattes Becken, 26, 25, 30, 19, C. v. = 9·0	1	Versuche der Umwandlung in Hinterhauptslage misslingen	40½	2	2700	48	K.	1¹)		1
72	941, 1885	1	23	Normal (?)	1	Spontaner Verlauf	46	3½	3050	49	K.	1		1
73	1627, 1885	3	25	Normal	1	Spontaner Verlauf	15	—	3650	51	K.	1		1
74	1803, 1885	1	21	Normal	1	Spontaner Verlauf, Atonia uteri post partum, Blutung	16½	19½	3500	52	K.	1		1
75	1882, 1885	2	22	Normal	1	Im Beckeneingange vollständige Deflexion, Gesicht in Stirneinstellung tastbar, nach künstlichem Blasensprung spontane Flexion. Austritt des Schädels in Vorderscheitellage	11¼	—	3200	51	M.	1	Endometritis	—

¹) Starb noch am Tage der Geburt laut Section an Lungenatelektase.

Nummer	Klinische Protokoll-Nummer und Jahrgang	Zahl der Geburten	Alter	Becken	Stellung	Zeitpunkt des Eingriffes und weiterer Geburtsverlauf	Geburtsdauer Vom Wehen-eintritte bis zum Austritt der Frucht Stunden	Geburtsdauer Vom Blasen-sprung Stunden	Gewicht	Länge	Geschlecht	Kind Lebend	Kind Wiederbelebt	Kind scheintodt Nicht wiederbel.	Kind Frisch, todt	Kind Macerirt	Wöchnerin Normales Puerperium	Wöchnerin Erkrankt, genesen	Wöchnerin Gestorben
76	2050, 1885	1	21	Normal	1	Umwandlung in Hinterhauptslage gelingt, Episiotomia unilateralis, Austritt in Hinterhauptslage	14 1/2	1 1/4	3500	52	K.	1	—	—	—	—	1	—	—
77	2580, 1885	1	23	Normal	2	Spontaner Verlauf	8 1/2	?	2500	47	M.	1	—	—	—	—	1	—	—
78	2683, 1885	1	22	Normal	1	Vergeblicher Umwandlungs-versuch in Hinterhauptslage, spontaner Austritt in Gesichtslage	14 3/4	3 3/4	3000	50	M.	1	—	—	—	—	1	—	—
79	2730, 1885	1	25	Allgemein verengtes rachit.-plattes Becken, 25, 27, 30, 18, 84	1	Forcepsversuch am im Beckenausgange stehenden Gesicht, Craniotomie der lebenden Frucht (maniakalisch)	23 1/2	23	3500 (S. cerebr.)	54	K.	—	—	—	1	—	1	—	—

1 Forceps am nahezu rotirt im Beckenausgange stehenden Gesicht, wegen Geburtsverzögerung Episiotomie	19½	8	3500	51	M.	1¹)	—
1 Verwandelt sich unter linker Seitenlagerung (Schädel klein und nicht fixirt) in Schädellage I. Stellung, spontane Geburt	22	½	2400	49	M.	1	—
1 Spontane Geburt, wegen der langen Geburtsdauer und Fieber der Mutter post partum intrauterine Irrigation mit 5%iger Carbollösung	65	½	3100	50	M.	1	1 Parametritis bilateralis
1 Spontaner Verlauf	9½	10½	3000	51	M.	1	—
2 Vorzeitiger Blasensprung, 6 Stunden nach Verstreichen des Orificiums Forceps am quer in der Beckenmitte stehenden Gesichte (Stellungsverbesserung), wegen Lebensgefahr der Frucht Episiotomie und Perin. Ruptur	39½	41½	2950	49	K.	1	—

Atelect. pulmon. gestorben.

Nummer	Klinische Protokoll-Nummer und Jahrgang	Zahl der Geburten	Alter	Becken	Stellung	Zeitpunkt des Eingriffes und weiterer Geburtsverlauf	Geburtsdauer Vom Weheneintritte bis zum Austritt der Frucht (Stunden)	Vom Blasensprung	Kind Gewicht	Länge	Geschlecht	Lebend	scheintodt Wiederbelebt	scheintodt Nicht wiederbel.	Frisch, todt	Macerirt	Wöchnerin Normales Puerperium	Erkrankt, genesen	Gestorben
85	1440, 1886	1	31	Normal		Stirneinstellung, spontaner Verlauf, Episiotomie	13½	15½	2830	48	K.			1				1 Endometritis levis	
86	1626, 1886	10	36	Allgemein verengtes, rachit.-plattes Becken, 23, 24·5, 29, 16, 72, C. d. = 9, C. v. = 7·5	1	Von aussen mit completer Uterusruptur überbracht. Gesicht im Beckeneingange, Frucht abgestorben, Orificium verstrichen, Körper der Frucht exclusive Schädel durch einen Riss des Gebärmutterhalses links in die Bauchhöhle ausgetreten, Erbrechen, Collaps, Uteruskörper rechts hinter der Frucht, Wendung, Extraction sehr schwierig, Drainage der Bauchhöhle mit Krückendrain, die früheren Geburten meist operativ beendet, theils spontane, theils künstliche Frühgeburten, Kinder — 2950 lebend geboren	28½	8½	3200	51	K.				1				1 Peritonitis

Nr.											
87	1643, 1886	4 34	Normal	1	Spontaner Verlauf	11'/₁, 11'/₄	2850 49 M.	1			1
88	1675, 1886	2 26	Normal	1	Spontaner Verlauf	4'/₄	3900 52 M.	1			1
89	1913, 1886	1 29	Normal	1	Stirneinstellung, Umwandlung in Hinterhauptslage gelingt, 1½ Stunden später spontaner Austritt in Hinterhauptslage	20½, 1½	2850 49 M.	1			1
90	2065, 1886	1 23	Normal	1	Spontaner Verlauf	10, 16½	2650 47 K.	1			1
91	2610, 1886	3 25	Einfach-plattes Becken, 26, 29·5, 31, 17·5, 8½, 147	1	Stirneinstellung mento-anterior; Stirne behält bis tief in die Beckenmitte die Führung, Redressement der Stirne während einer Wehe, daraufhin schnell Tiefer- und Nachvortreten des Kinns, spontaner Austritt	28½, 16½	3500 52 K.	1			1
92	399, 1887	10 40	Normal	1	Umwandlung in Hinterhauptslage gelingt, Austritt spontan in Hinterhauptslage	24, 25 1	4200 54 K.	1			1

Peters, Corr. d. Deflexionslagen.

Becken	Stellung	Zeitpunkt des Eingriffes und weiterer Geburtsverlauf	Geburtsdauer Von Weheneintritte bis zum Austritt der Frucht (Stunden)	Vom Blasensprung	Kind Gewicht	Länge	Geschlecht	Lebend	scheintodt Wiederbelebt	Nicht wiederbel.	Frisch, todt	Macerirt	Wöchnerin Normales Puerperium	Erkrankt, genesen	Gestorben
Normal	2	Spontaner Verlauf	14½	3	2200	42	M.	1	—	—	—	—	1	—	—
Normal	1	Versuch der Umwandlung in Hinterhauptslage misslungen, spontane Geburt in Gesichtslage	31½	2	3250	49	M.	1	—	—	—	—	—	1 Param. sinistr.	—
Normal	?	Macerirte Frühgeburt, Kopf in Gesichtslage ausgetreten	10½	4¾	1650	35	K.?	—	—	—	—	1	1	—	—
Fast normal, leicht platt	2	Stirneinstellung beweglich über dem Eingange, Blasensprung bei 5 cm weitem Orificium, Umwandlung in Hinterhauptslage misslingt, daher Umwandlung in Gesichtslage, Forceps am rotirten sichtbaren Gesicht	35½	12	3400	51	K.	1	—	—	—	—	1	—	—

97	1978, 1887	1	20	Normal	1	Spontaner Verlauf	26	4½	3100	50	K.	1		1	
98	2167, 1887	1	18	Normal	1	Spontaner Verlauf	9	10	3400	51	M.	1		1	
99	2238, 1887	1	26	Normal	1	Umwandlung in Hinterhauptslage, 1 Stunde später spontaner Austritt in Hinterhauptslage	10	8	3500	53	K.	1		1	
100	2299, 1887	1	17	Normal	2	Missfärbiges Fruchtwasser, spontaner Verlauf	73¾	8–10 ?	3100	50	K.	1		1[1)]	
101	2306, 1887	4	40	Normal	2	Gesicht quer im Eingange, Blase stehend, Orificium 7 cm, Versuch der Umwandlung in Hinterhauptslage misslingt, daran anschliessend Wendung auf den rechten Fuss (Narkose), 5 Minuten später wegen Lebensgefahr der Frucht Extraction	3	1½	3200	51	K.	1		1	

[1)] Processus puerperalis.

7*

Nummer	Klinische Protokoll-Nummer und Jahrgang	Zahl der Geburten	Alter	Becken	Stellung	Zeitpunkt des Eingriffes und weiterer Geburtsverlauf	Geburtsdauer Vom Weheneintritte bis zum Austritt der Frucht (Stunden)	Geburtsdauer Vom Blasensprung	Kind Gewicht	Kind Länge	Kind Geschlecht	Kind Lebend	Kind scheintodt Wiederbelebt	Kind scheintodt Nicht wiederbel.	Kind Frisch, todt	Kind Macerirt	Wöchnerin Normales Puerperium	Wöchnerin Erkrankt, genesen	Wöchnerin Gestorben
102	2391, 1887	1	24	Etwas plattes Becken, C. v. = 9·0	1	Versuch der Umwandlung in Hinterhauptslage misslingt, Wendung auf den rechten Fuss, Extraction, Episiotomie	12	1·¼	3900	54	M.	1	—	—	—	—	—	1 Endometritis levis	—
103	2420, 1887	3	27	Normal	1	Spontaner Verlauf	10	1/1	3900	56	K.	1	—	—	—	—	1	—	—
104	2706, 1887	3	33	Normal	2	Spontaner Verlauf	5½	3·/1	3300	50	K.	1	—	—	—	—	1	—	—
105	12, 1888	1	24	Normal	2	Stirneinstellung; nachdem bei 5 cm weitem Orificium erfolgten Blasensprung tritt nach Seitenlagerung links das Kinn tiefer, spontaner Austritt in Gesichtslage	26½	4	3200	51	K.	1	—	—	—	—	—	1 Parametritis bilateralis	—

												1 Processus puerperalis
243, 1888	7 36	Allgemein enges, plattes Becken, 23·5, 28·5, 30, 17·5, 76, 137, C. v. = 8·5	Vorfall des linken Armes neben dem hoch über dem Eingange stehenden Gesichte. Ausserhalb der Anstalt mehrere Wendungsversuche, linker Fuss bis in die Höhe des Gesichtes herabgezogen (Arm vielleicht irrthümlich herabgezogen), unteres Uterinsegment stark gedehnt, Wendung in tiefer Narkose durch doppelte Handgriffe. Frucht schon vor der Wendung in bedeutender Gefahr, Berstung eines Varix in der Vulva	2	50$^1/_2$, 30$^1/_2$	3100	51	M.				
709, 1888	2 23	Normal	Umwandlung in Hinterhauptslage, spontane Geburt in Hinterhauptslage $^1/_1$ Stunde nach der Umwandlung	1	2	1$^1/_4$	3150	50	M.	1		1^1)
1020, 1888	3 28	Normal	Spontaner Verlauf	1	2$^3/_4$	4$^3/_1$	3050	50	K.	1	1	
1047, 1888	2 22	25, 26, 29, 18, 84	Spontaner Verlauf	1	15$^3/_4$	3$^1/_4$	2300	46	K. Lues	1	1 (Lues)	
1668, 1888	3 29	Normal	Spontaner Verlauf	2	5$^1/_2$	—	3600	52	M.	1	1	
1832, 1888	2 23	Plattes Becken, 25·5, 29, 31, 18·5, 89, C. v. = 10$^1/_4$	Umwandlung in Hinterhauptslage, Narkose, spontane Geburt in Hinterhauptslage	2	9	1	3400	52	M.	1	1	

[1]) Peritonitis ex Metrolymphangioitide et Metroplebitide im linken Parametrium.

Nummer	Klinische Protokoll-Nummer und Jahrgang	Zahl der Geburten	Alter	Becken	Stellung	Zeitpunkt des Eingriffes und weiterer Geburtsverlauf	Geburtsdauer Vom Weheneintritte bis zum Austritt der Frucht (Stunden)	Geburtsdauer Vom Blasensprung	Gewicht	Länge	Geschlecht	Kind Lebend	Kind Wiederbelebt	Kind Nicht wiederbel.	Kind Frisch, todt	Kind Macerirt	Wöchnerin Normales Puerperium	Wöchnerin Erkrankt, genesen	Wöchnerin Gestorben
112	1895, 1888	1	20	Allgemein enges Becken, 24, 27, 31, 17, 79, 149, C. v. = 9·0		Versuch der Umwandlung in Hinterhauptslage misslingt, 17 Stunden nach dem Umwandlungsversuch Craniotomie	38	7	3600 (S. cerebr.)	53	K.				1		1		
113	2113, 1888	3	30	Allgemein ungleichmässig verengtes Becken, 23·5, 27, 32, 19, 83, C. v. = 9·5	1	Von aussen überbracht, Orificium 6—7 cm weit, hochgradige Gesichtsgeschwulst; Zunge als knorpelharter Wulst aus dem weitgeöffneten Munde hervorragend, Herztöne gut, Gesicht wenig beweglich, Fruchtwasser missfärbig, fast vollkommen abgeflossen, in tiefer Narkose Versuch der Umwandlung in Hinterhauptslage misslingt, Wendung auf den linken Fuss, dabei starke Compression der Nabelschnur, eine halbe Stunde später Sichtbarwerden d. Steisses, Manualhilfe	19$^{1}/_{2}$	7$^{1}/_{2}$	2950	50	M.			1			1		

103

	Description			Weight		Sex							
1	Spontaner Verlauf, Episiotomie	18 1/1	1 1/4	3400	50	M.	1						1
1	Spontane Geburt, Gesicht tritt quer durch die Schamspalte	20 1/2	20 1/2	2750	49	K.	1						1
2	Spontaner Verlauf, Episiotomie	17	17	3250	50	M.	1						1
1	Spontaner Verlauf, Episiotomie	7	7	3100	52	M.	1						1
1	Umwandlung in Hinterhauptslage misslungen, daher Wendung und sofortige Extraction	4 1/2	1/2	3500	50	M.	1						1
1	Spontaner Verlauf	7	4	3750	52	K.	1						1
1	Schon in gravida Gesicht quer im Eingange fixirt, dabei auffallend dünner schlaffer Uterus, vorzeitiger Blasensprung, Gesicht bleibt am Beckenboden tief quer stehen, Forceps mit Stellungsverbesserung, Episiotomie. III. Geburtsperiode starke atonische Blutung	17	15	2800	48	K.	1						1

Nummer	Klinische Protokoll-Nummer und Jahrgang	Zahl der Geburten	Alter	Becken	Stellung	Zeitpunkt des Eingriffes und weiterer Geburtsverlauf	Vom Weheneintritte bis zum Austritt der Frucht Stunden	Vom Blasensprung	Gewicht	Länge	Geschlecht	Lebend	Wiederbelebt	Nicht wiederbel. scheintodt	Frisch, todt	Macerirt	Normales Puerperium	Erkrankt, genesen	Gestorben
121	2300, 1889	2	24	24, 28, 30, 18, C. d. = 10, C. v. = 8·5	2	Versuch der Einstellung des Occiput bei 6 cm weitem Orificium und stehender Blase und beweglich im Eingange stehendem Gesichte misslingt, da das Gesicht beim Herausziehen der Hand gut in den Eingang eintritt, künstlicher Blasensprung mit Mandrin, wegen Stillstandes der Austreibung 2½ Stunden nach Verstreichen des Orificiums bei schon ungleichmässig werdenden Herztönen Forceps am schräg in der Beckenmitte stehendem Gesichte mit Stellungsverbesserung (schwierig)	13 3/1	5 1/4	3850	52	K.			1[1])			1		
122	2406, 1889	1	20	Normal	1	Spontaner Verlauf	9 1/4	9 3/4	2850	48	M.	1					1		

[1]) Querfractur des linken Schläfenbeines, Längsfractur des rechten Scheitelbeines.

Stirnlagen (Stirneinstellungen) [1880—1890].

1	1019, 1880	1 16	Normal	1	Der kleine aber harte Schädel tritt mit der Stirne bis in die Beckenmitte. Bei 7 cm weitem Orificium wegen Lebensgefahr der Frucht Forceps	10³/₇	4³/₄	2000	42 K.	1¹)		
2	2390, 1880	1 19	Normal	2	Wegen Lebensgefahr der Frucht bei verstrichenem Orificium Stellungsverbesserung, so dass das Kinn hinter die Symphyse rotirt wurde. Extraction mittelst Forceps	20¹/₂	2¹/₂	3350	51 K.	1		
3	2783, 1881	6 24	Normal	2	Vorfall der pulsirenden Schnur, eines Armes und eines Fusses (!) neben der im Eingang stehenden Stirn. Beim Anziehen an dem vorgefallenen Fusse wird die Wendung effectuirt. Extraction der abgestorbenen Frucht eine Stunde nachher	12¹/₄	4¹/₂	2650	48 M.		1	
4	3026, 1881	5 35	Normal	1	Bei quer am Beckenboden stehender Stirne Forceps	41	8	4100	54 K.		1	
5	308, 1882	1 21	Normal	1	Schiefstand der Stirne in der Beckenmitte. Forceps und Drehung der Stirne während der Extraction	30³/₄	1	3750	52 K.		1	1

¹) Am zweiten Tage an Debilitas vitae gestorben.

Nummer	Klinische Protokoll-Nummer und Jahrgang	Zahl der Geburten	Alter	Becken	Stellung	Zeitpunkt des Eingriffes und weiterer Geburtsverlauf	Vom Weheneintritte bis zum Austritt der Frucht Stunden	Vom Blasensprung	Gewicht	Länge	Geschlecht	Lebend	Wiederbelebt	Nicht wiederbel.	Frisch, todt	Macerirt	Normales Puerperium	Erkrankt, genesen	Gestorben
6	1352, 1882	7	34	Normal	2	Vorfall der Schnur, eines Armes und beider Füsse neben der tief im Eingange feststehenden Stirne, Forceps	$7^{3}/_{4}$	3	2200	46	M.	—	—	—	1	—	1	—	—
7	2214, 1882	5	37	Plattes Becken, C. v. = 8·5	1	Todte Frucht, Craniotomie	28	14	4500	?	K.	—	—	—	1	—	1	—	—
8	1438, 1884	1	26	Allgemein verengtes, plattes Becken, 24, 26, 30, 19. C. v. = 8·5	?	Forcepsversuch an in der Beckenmitte stehender Stirn misslingt, Hysterostomatomia unilateralis, Kind stirbt ab, Craniotomie, Endometritis sub partu (38·9), Condylomata acuminata, Ruptura perin. superficial.	38	6	2900 (S. cerebr.)	48	M.	—	—	—	1	—	—	1[1)]	—

[1)] Endometritis.

9	2736, 1885	Allgemein verengtes, plattes Becken, 22, 26, 29·5, 17·5 extern. 9·5 C. v. 83 Umfang	2	29	1	Umwandlung in Hinterhauptslage	32	19	3400	52 K.	—	—	—	—	1
10	455, 1886	Etwas verengtes Becken	3	28	1	Stirn im Beckeneingang querstehend, Oedem des Orificium, grosse Stirngeschwulst, Lebensgefahr der Frucht, Achsenzugzange (Breus), sowie lange Schulzange gleiten ab, Craniotomie	24	17½	3700	52 M.	—	1	—	1
11	1237, 1886	Allgemein verengtes Becken, 23, 26, 30, 18·5, 84, 145, C. v. = 9—9·5	1	26	1	Bei im Eingange eingekeilter Stirne (starke Kopfgeschwulst, 8 cm weites Orificium), Forcepsversuch, dann Craniotomie an der todten Frucht	31¾	6¼	3000	50 M.	—	—	1	1
12	2139, 1886	Allgemein gleichmässig verengtes Becken, 22, 26, 30, 17·5, 86	2	23	1	Stirn im Eingange eingekeilt, bei 7 cm weitem Orificium vergeblicher Forcepsversuch (Breus), hierauf Craniotomie am lebenden Kinde, 5 Cervixnähte	20	4¼	3800	51 K.	—	1	—	1

[1]) Löffelförmige Impression des linken Stirnbeines mit Infraction (vom Promontorium).
[2]) Endometritis levis.

Nummer	Klinische Protokoll-Nummer und Jahrgang	Zahl der Geburten	Alter	Becken	Stellung	Zeitpunkt des Eingriffes und weiterer Geburtsverlauf	Geburtsdauer Vom Weheneintritte bis zum Austritt der Frucht / Vom Blasensprung Stunden	Kind Gewicht	Kind Länge	Kind Geschlecht	Kind Lebend	Kind Scheintodt Wiederbelebt	Kind Scheintodt Nicht wiederbel.	Kind Frisch, todt	Kind Macerirt	Wöchnerin Normales Puerperium	Wöchnerin Erkrankt, genesen	Wöchnerin Gestorben
13	2529, 1886	4	29	Normal	2	Gesicht in der Beckenmitte quer eingestellt, nach circa 10stündiger Wehenthätigkeit Blasensprung. Das Kinn bleibt hinter dem linken horizontalen Schambeinaste hängen, die Stirn tritt tiefer, Austritt der Frucht spontan in Stirnlage (Stirn schräg nach vorne über das rechte Labium, dann Occiput nach rechts und hinten und zuletzt Kinn nach links und vorne), Febris post partum	26³/₄ 5¹/₄	3050	50		1					1		
14	350, 1887	2	28	Normal	1	Umwandlung in Hinterhauptslage	4¹/₄ 1/₄	3900	52	M.	1						1[1]	

[1] Endometritis levis.

15	626, 1887	15 35	Etwas plattes Becken	1	(Unter den 14 vorhergegangenen Geburten anfangs einige macerirte Kinder, Schmiercur, 11 operative Eingriffe, 1 Zwillingsgeburt.) Von aussen überbracht, angeblich zuerst Querlage, dann durch Wendungsversuche auf den Kopf S-irmlage entstanden (?), Kind todt (?), Orificium fast verstrichen, nach einem kurzen wegen vielleicht doch noch möglicher Rettung unternommenen Forcepsversuch Craniotomie	34	14 3/4	3900	? M.	1
16	1221, 1887	2 23	Rachitisch-plattes Becken, 28, 30, 32, 17, 86, 137, C. v. = 8·0 (1. Geburt sehr protrahirt, todtes Kind)	2	Mit todter Frucht, Schädel im Eingange eingekeilt, sehr bedeutende Kopfgeschwulst, nach mehrmaligem ausserhalb der Klinik ausgeführten Forcepsversuch überbracht, Perforation durch die grosse Fontanelle, Extraction sehr schwierig, Cranioklast reisst mehrmals trotz guter Application aus, schliesslich Entwicklung des Schädels mit der Hand, kleiner Einriss im Orificium, wahrscheinlich bei den Forcepsversuchen entstanden	27	29	3200¹) 51	? M.	1²)

¹) Ohne Hirn und Schädeldach.
²) Endometritis levis.

Nummer	Klinische Protokoll-Nummer und Jahrgang	Zahl der Geburten	Alter	Becken	Stellung	Zeitpunkt des Eingriffes und weiterer Geburtsverlauf	Geburtsdauer Vom Weheneintritte bis zum Austritt der Frucht Stunden	Geburtsdauer Vom Blasensprung Stunden	Kind Gewicht	Kind Länge	Kind Geschlecht	Kind Lebend	Kind Wiederbelebt	Kind scheintodt Nicht wiederbel.	Kind Frisch, todt	Kind Macerirt	Wöchnerin Normales Puerperium	Wöchnerin Erkrankt, genesen	Wöchnerin Gestorben
17	66, 1887	5	33	Rachitisch-plattes Becken, 25, 27·5, 31. 16·5, 84. C. d. 11. C. v. = 9·2—3	1	An früheren Geburten spontane Schädellage, Kopf zuerst beweglich in Scheitellage, dann Stirnlage, Hereinziehen des Occiput mit der Hand (Baudelocque II), 20 Minuten später spontane Geburt in Schädellage	—	—	2900	49	M.	1					1		
18	28, 1888	4	32	Plattes Becken, 21, 27, 29, 18. C. v. = 9·5	1	Wendung auf den linken Fuss in Narkose bei 6 cm weitem Orificium, kurz nach dem Blasensprung Extraction	5½	3½	3100	50	K.	1					1		

19	790, 1888	2	31	Plattes Becken, 23, 28, 31, 17, 72. C. v. = 8¼	Schädel über dem Eingange ballotirend, grosse Fontanelle etwas tiefer stehend, Sagittalnaht quer, Herztöne links von der Mittellinie (¼ Stunde nach dem Blasensprung), 2 Stunden später Stirne tiefer getreten, Vorderscheitel zurückgeblieben, nach rechts das Gesicht bis zur Mundspalte, ja bis zum Kinn abzutasten, am Kinn rechts oben zurückgehalten, ½ Stunde später das Kinn oben ganz zurückgeblieben, Stirn tiefer getreten, Stirn tritt auf den Beckenboden, und zwar mit nach rückwärts gedrehtem Gesichte, Ritgen am linken Unterkieferast, Austritt in Stirnlage mit verkehrtem Mechanismus	1	12½, 3¼	3000	50 M.	1		1	
20	890, 1888	2	23	Plattes Becken, 23, 24·5, 34, 97, 18, 150. C. v. = 9·3 bis 9·5	Künstlicher Blasensprung bei 6 cm weitem Orificium wegen Hydramnios und Wehenschwäche, Kopf tritt in Stirnlage II. Position aufs Becken, 2 Wendung in Narkose, ¼ Stunde später wegen Lebensgefahr der Frucht Extraction, beide Arme hinaufgeschlagen, Kind stirbt ab, Craniotomie am nachfolgenden Kopfe		14½, 1·2	3600	50 K.		1		1[1]

[1] Endometritis levis.

Nummer	Klinische Protokoll-Nummer und Jahrgang	Zahl der Geburten	Alter	Becken	Stellung	Zeitpunkt des Eingriffes und weiterer Geburtsverlauf	Geburtsdauer Vom Weheneintritt bis zum Austritt der Frucht Stunden	Geburtsdauer Vom Blasensprung Stunden	Kind Gewicht	Kind Länge	Kind Geschlecht	Kind Lebend	Kind Wiederbelebt	Kind scheintodt Nicht wiederbel.	Kind Frisch, todt	Kind Macerirt	Wöchnerin Normales Puerperium	Wöchnerin Erkrankt, genesen	Wöchnerin Gestorben
21	1208, 1888	1	23	26, 30, 34, 19, 92, 155	1	Spontaner Verlauf, Episiotomie	4 3/4	1 3/4	3200	50	K.	1	—	—	—	—	1	—	—
22	1807, 1888	1	19	Normal	2	Bei verstrichenem Orificium und stehender Blase (zähe Eihäute) in Narkose Umwandlung in Hinterhauptslage (Hereinziehung des Hinterhauptes mit der rechten Hand), 3/4 Stunden später Austritt der Frucht in normaler Hinterhauptslage	20 1/4	1	3000	50	M.	1	—	—	—	—	1	—	—
23	375, 1889	1	27	Normal	2	Stirneinstellung des Gesichtes, Kinn bleibt an der Linea innominata hängen; in Folge dessen übernimmt die Stirne die Führung, bleibt während der Austreibungsperiode tief quer stehen, Forceps, Stellungsverbesserung, Episiotomia bilateralis	42 1/2	14 3/4	3500	50	K.	1	—	—	—	—	1	—	—

24	2231, 1889	2|25	Normal	Febris ante partum, 3 bis 4 Tage — 40° Stirne in der Beckenmitte quer stehend, starkes Caput succedaneum, das vordere Labium stark geschwollen, das hintere Labium scharfkantig abgequetscht liegt vollkommen frei in der Vagina, Forceps in Narkose. 3—4 Tractionen, Gesicht rotirt sich nach vorne, an der Vulva gelingt es, das Kinn herabzudrücken und den Kopf in Gesichtslage zu entwickeln. hochgradig orthognather Schädeltypus bei Mutter und Kind	1	9½	3700	50 K.	1 — — —	— 1[1])
25	2440, 1889	4|30	Normal	Vollkommener Dammdefect, Schädel tritt in Stirnlage tief ins Becken (Versuch der spontanen Umwandlung in Gesichtslage erfolglos) und tritt quer durch die Vulva, dabei kleiner Riss am Rande des Septum rectovaginale Lawson-Tait, gleich nach der Geburt, geheilt	1	9¾11		52 K.	1 — —	1
26	928, 1890	8|38	23, 27, 30, 83, 18, 10, 8·5	Umwandlung in Schädellage	1	— 20	3550 3200	50 M.	1[2]) — —	1

[1]) Bronchitis, Influenza, Endometritis levis.
[2]) Ophthalmoblennorrhoe.